Hargitai György

Süssünk-főzzi
szabadtűzö

Hargitai György

Süssünk-főzzünk szabadtűzön

Könyvkuckó Kiadó • Budapest, 2000

Írta és összeállította:
Hargitai György ©

A kötetet tervezte
és a rajzokat készítette:
Princz Mihály ©

ISBN 963 9077 80 1

Kiadja a Könyvkuckó Kiadó
Kiadásért felel a Kiadó igazgatója

Nyomdai előkészítés: P & K

Nyomdai munka: Dunaújvárosi Nyomda Kft.
Felelős vezető: Farkas István ügyvezető igazgató

Előszó

Rohanó korunk embere örül, ha egy kicsit „kiszabadul" a természetbe. A konyháját azonban nem viheti magával, és amikor a friss levegőn kifáradva megérkezik, jól jöhet, ha érti a szabadtéri sütés-főzés tudományát is, persze csak ha a programba belefér. Már pedig érdemes így tervezni, a közös sütés-főzésnek ugyanis különleges hangulata van, mert mindenki részt vehet benne: segédkezhet, nyársat faraghat, fát hordhat a tűzre, forgathatja a húsokat, vizet önthet a bográcsban fövő ételre. A látvány, az ételek különleges íze, illata pedig felejthetetlen élményt nyújtanak. A természet adta díszlet, a pattogó tűz, a szél susogása, az esetleges holdfény, teljes „összkomfortot" szolgáltat. Akárcsak sok száz évvel ezelőtt őseinknek, akik szinte ugyanolyan eszközökkel sütögettek, amiket ma is használunk, legföljebb az anyaguk volt más. Ilyenek a bográcsok, a nyársak, a rostélyok, a diszkoszedények, a kemencék, melyeket kiegészítenek a modern grillsütők, a kőgrill, a forgónyársas sütők stb. Habár az eszköz még nem minden, mert a szabadtéri sütés-főzés, főként az előkészítés, sok vesződséggel jár, de a végeredmény mindenképpen megéri. Az ételek különleges ízűek, zamatukat a parázstól, a pernye illatától, a pörzsöléstől kapják, ezeket otthon nem lehet utánozni. Kivéve, ha a hétvégi ház, üdülő, présház kertjében sülnek-főnek a finomságok. Ennek még az is az előnye, hogy a konyhában előkészítve és a sza-

5

badban befejezve bonyolultabb étkek is előállíthatók. Ennek ellenére, a recepteknél arra törekedtem, hogy egyszerűen, ha lehet gyorsan elkészíthetők legyenek és a könnyebb használhatóság miatt 4 személyre szólnak. Ezek kipróbálásához, a „remekművek" bekebelezéséhez sok sikert és jó étvágyat kívánok.

A szerző.

Almatorta barackízzel
(kemence)

HOZZÁVALÓK (10 SZELETHEZ)

*a tésztához: 12,5 dkg margarin • 18 dkg (3 dl) liszt •
6,5 dkg (1 dl) Graham-liszt
a töltelékhez: 75 dkg alma • 1 dl citromlé •
10 dkg (1 dl) cukor • 5 dkg olvasztott margarin
a forma kikenéséhez: margarin
a tetejére: 15-20 dkg házi barackíz*

A margarint a kétféle liszttel elmorzsoljuk és kb. 0,5 deci hideg vízzel összegyúrjuk. Hűtőben letakarva fél órát pihentetjük. Ezalatt az almát meghámozzuk, magházát eltávolítjuk. Húsát kisujjnyi vastag cikkekre vágjuk, majd citromlével meglocsoljuk, nehogy megbarnuljon. Egy 26 centi átmérőjű lapos tortaformát enyhén kivajazunk és a tésztával kibéleljük. Az almacikkekkel kirakjuk úgy, hogy félig takarják egymást. A cukorral megszórjuk, olvasztott margarinnal meglocsoljuk, és előmelegített kemencében, a közepesnél nagyobb lánggal 35 percig sütjük. A baracklekvárt, ha túl sűrű lenne, egy kevés forró vízzel hígítjuk, majd a még meleg tortára kenjük.

*Elkészítési idő: 1 óra 20 perc
Egy szelet: 1322 kJ/316 kcal*

Almás és káposztás rétes
(kemence)

HOZZÁVALÓK (8-8 SZELETHEZ)

*2 csomag réteslap (4 lapos)
a sütéshez: olaj
a káposztatöltelékhez: 1 kg fejes káposzta • 1 közepes fej
vöröshagyma • 2 evőkanál cukor • 3 evőkanál olaj •
fél mokkáskanál őrölt bors • só • zsemlemorzsa
az almatöltelékhez: 1 kg alma • 4 evőkanál cukor •*

2-3 *evőkanál zsemlemorzsa vagy zabkorpa* •
1 *mokkáskanál őrölt fahéj*

A káposzta foltos, külső leveleit lefejtjük, torzsáját kimetsszük és a fejet megreszeljük. A megtisztított hagymát finomra vágjuk. Egy nagy lábasban a cukrot az olajon karamellizáljuk, majd a hagymát meg a káposztát aranysárgára pirítjuk benne. Kissé megborsozzuk, megsózzuk és kis lángon, kevergetve 6-8 percig pároljuk, majd a tűzről lehúzva kihűtjük. Ezalatt az almát megmossuk, héjastól durvára reszeljük és 10 percig állni hagyjuk. Utána kinyomkodjuk (a friss gyümölcslevet igyuk meg), majd a cukorral meg a morzsával összekeverjük, a fahéjjal fűszerezzük. 4 réteslapot egy nedves konyharuhán egymásra rakunk, közüket egy kevés olajjal meglocsoljuk, zsemlemorzsával meghintjük. A káposztát egy csíkban a felénk eső szélére halmozzuk, fölcsavarjuk, majd kiolajozott tepsire rakjuk. Az almás rétest ugyanígy készítjük el, végül mindkettő tetejét olajjal vékonyan megkenjük, majd közepesen forró kemencében mintegy 25 percig sütjük.

Elkészítési idő: 1 óra 20 perc
Egy-egy szelet: 1029 kJ/246 kcal

Amerikai klubszendvics
(rostély, kenyérpirító)

HOZZÁVALÓK
2 *kisebb csirkemell vagy 4, egyenként 8 dkg-os*
pulykamellszelet • *só* • 2 *evőkanál olaj* •
12 *dkg vékony szelet húsos szalonna (ún. sliced bacon)* •
1 *nagy fej saláta* • 4 *közepes szem paradicsom* •
4 *főtt tojás* • 16 *vékony szelet ún. Pesti kenyér,* •
10 *dkg kész majonéz*

A csirkemellet kicsontozzuk, lebőrözzük, majd félbevágjuk és megsózzuk. Utána az olajjal meglocsoljuk, rostélyon mindkét oldalán megsütjük és lecsöpögtetve félrerakjuk. A szalonnát ugyancsak ropogósra süt jük és a rostélyon lecsöpögtetjük. A salátát megmossuk, megszikkasztjuk és ujjnyi széles csíkokra vágjuk. A paradicsomot meg a főtt tojást fölkarikázzuk. A kenyérből pirítóst készítünk – lehet a rostélyon is – és azon forrón a majonézzel megkenjük. A saláta egyharmadát az első négy megkent kenyérszeletre terítjük, amire a vékonyan fölszeletelt hús kerül. Kenyér, egyharmadnyi saláta, majd a ropogós szalonna következik. Erre ismét kenyér kerül, amin a maradék salátát egyenletesen elosztjuk. A paradicsom meg a főtt tojáskarikákkal beborítjuk, végül a szendvicseket egy-egy, a majonézes oldalukkal lefelé fordított kenyérszelettel lezárjuk. Végül éles késsel a kenyér héját levágjuk, az emeletes szendvicset átlósan félbehasítjuk és mindegyikbe egy-egy „kardot" szúrunk. A tetejét olajbogyóval, minikukoricával, sült koktélvirslivel stb. is díszíthetjük.

Elkészítési idő: 35 perc
Egy adag: 3603 kJ/862 kcal

Ananászos csirkecsoda
(nyárs)

HOZZÁVALÓK

> *2 csirkemell • 20 dkg császárszalonna • 1 piros színű*
> *húsos paprika • 1 kisebb ananász (konzerv is lehet) •*
> *só • őrölt bors • pirospaprika • 1 kisebb ágacska*
> *rozmaring • 2 evőkanál olaj*
> *a körethez: 4 banán • 4 hajszálvékony szelet*
> *húsos szalonna*

A csirkemellet kicsontozzuk, bőrét lefejtjük, húsát – akárcsak a császárszalonnát és a kicsumázott paprikát – kétcentis kockákra vágjuk. Az ananászt meghámozzuk, torzsáját kivágjuk, a gyümölcsöt fölkockázzuk; ha konzervet használunk, akkor a levét lecsöpögtetjük. Az így előkészített hozzávalókat felváltva nyársra húzzuk, megsózzuk, megborsozzuk, pirospaprikával fűszerezzük. A rozmaringot lecsipkedjük a száráról, a leveleket az olajba szórjuk, majd a nyársakat ezzel a fűszeres olajjal megkenjük. Grillrácsra fektetjük, és faszénparázs fölött kb. 20

perc alatt (sütőben közepes lánggal kb. 15 perc alatt) többször megforgatva megsütjük. A körethez a banánokat meghámozzuk, egy-egy vékony szelet szalonnát csavarunk köréjük, és a nyársak mellé fektetve 4-5 perc alatt megsütjük.

Elkészítési idő: 45 perc
Egy adag: 3181 kJ/761 kcal

Babgulyás
(bogrács)

HOZZÁVALÓK

25 dkg szárazbab • 60 dkg marhalábszár vagy -lapocka •
3-4 evőkanál olaj • 1 vöröshagyma vagy 1 evőkanál
vöröshagymakrém • 2-3 gerezd fokhagyma vagy
1 kiskanál fokhagymakrém • 1 csapott evőkanál
pirospaprika • 1 paradicsom • 1 zöldpaprika •
1 csapott evőkanál csemege paprikakrém • 20 dkg vegyes
zöldség • só • 1 kiskanál cseresznyepaprikakrém

A babot az ételkészítés előtti este átválogatjuk, majd hideg vízbe áztatjuk. A húst 1 centis kockákra vágjuk. Boğrácsban az olajon a megtisztított és felaprított hagymát és fokhagymát vagy a vöröshagymakrémet és a fokhagymakrémet együtt megfuttatjuk. A húst hozzáadjuk, megpirítjuk és a pirospaprikát is belekeverjük. A paradicsomot meg a kicsumázott paprikát apróra vágjuk, a húshoz adjuk és paprikakrémmel, esetleg pörköltízesítő krémmel, valamint gulyáskrémmel ízesítjük. Egy kevés vizet aláöntve kis tűz fölött félpuhára pároljuk. A lecsöpögtetett babot a kis kockákra vágott vegyes zöldséggel együtt hozzáadjuk. Annyi vízzel hígítjuk, amennyi levest szeretnénk kapni. A cseresznyepaprikakrémmel ízesítjük és teljesen puhára főzzük. Csipetkét is szaggathatunk bele.

Elkészítési idő: 2 óra + áztatás
Egy adag: 2111 kJ/505 kcal

Babos libacomb
(bogrács)

*40 dkg fehér gyöngybab • 4 kisebb libacomb
(egyenként kb. 45 dkg) • 5 evőkanál olaj •
1 nagyobb vöröshagyma • 2-3 gerezd fokhagyma •
1 púpozott kiskanál pirospaprika • 1 csapott evőkanál só •
1 mokkáskanál őrölt bors • 1 evőkanál liszt*

A babot a főzést megelőző éjszakára, de minimum 2 órára hideg vízbe áztatjuk, majd leszűrjük. A libacombok bőrét lehúzzuk. A húsokat bográcsban, az olajon – vagy a bőrből kisütött zsíron – körös-körül megpirítjuk, lecsöpögtetve félretesszük. Visszamaradó zsírjában a megtisztított, finomra aprított hagymát és fokhagymát megfuttatjuk, a pirospaprikát rászórjuk. A babot a hússal együtt hozzáadjuk, és annyi vízzel öntjük föl, amennyi jól ellepi. Megsózzuk, megborsozzuk; erős tűz fölött fölforraljuk. Utána lefödjük, és kis tűz fölött mintegy 1 óra alatt puhára pároljuk. Amikor kész, a húst kiemeljük, a babot 10 percig pihentetjük. Ezalatt a zsírja följön a tetejére. Ekkor az ételt lisztszórással besűrítjük, ami úgy történik, hogy a lisztet a zsírba szórjuk, amit az 1 perc alatt magába szív. Utána 2-3 percig forraljuk, végül a hússal tálaljuk. A babos libacombot lefödve, kemencében, közepes lánggal is megpárolhatjuk. Tálaláskor a húsokat zúzott, olajban megfuttatott fokhagymával is megkenhetjük.

*Elkészítési idő: 2 óra + áztatás
Egy adag: 3620 kJ/866 kcal*

Baconban sült gyümölcsök
(kemence)

*15 dkg kimagozott aszalt szilva • 5 dkg kimagozott aszalt
meggy • 2 dl vörösbor • 15 dkg felezett aszalt sárgabarack •*

*15 dkg aszalt almakarika • 3 dl fehérbor •
kb. 20 dkg vékonyra szeletelt húsos szalonna (bacon)*

Az aszalt szilvát és a meggyet a vörösborba; a sárgabarackot meg az almát a fehérborba áztatjuk. Utána lecsöpögetjük. Az almakarikák közepére egy-egy szem meggyet rakunk, baconba burkoljuk, fogvájóval rögzítjük. A többi gyümölcsöt egyesével szintén szalonnába csomagoljuk. Alufóliával bélelt tepsire rakosgatjuk, forró kemencében épp csak 3-4 percig sütjük. Készíthetjük grillsütőben is.

*Elkészítési idő: 30 perc+áztatás
Egy adag: 3031 kJ/725 kcal*

Barbecue csirkecomb
(rostély)

HOZZÁVALÓK (6 SZEMÉLYRE)
*6 csirkecomb • babérlevél • egész bors •
1 kiskanál ételízesítő por
a mártáshoz: 3,5 dl ketchup • 4 evőkanál méz •
egy-egy csipetnyi origano-, bazsalikom, kakukkfű,
Cayenne bors, durvára tört fekete bors és só*

A csirkecombokat lebőrözzük, majd a forgójuknál kettévágjuk. Babérlevéllel, borssal meg ételízesítő porral fűszerezett vízben (lehet bográcsban is) félig megfőzzük, de takarékosabb megoldás, ha a hagyományos módon bezöldségelve és megfűszerezve húslevest főzünk vele. A mártáshozvalókat összekeverjük, a félig megpuhult húst beleforgatjuk és grillrácsra (rostélyra) fektetjük. Faszénparázs fölött vagy grillsütőben kb. 30 perc alatt megsütjük. Fóliában sült burgonyát ajánlunk hozzá, amihez zúzott fokhagymával meg fölaprított petrezselyemmel fűszerezett tejfölt kínálunk.

*Elkészítési idő: 1 óra 15 perc
Egy adag: 2454 kJ/587 kcal*

B

Bárányérmék nyárson sütve, zöldséggel
(nyár)

*40 dkg báránycomb • őrölt bors • mustár • olaj •
15 dkg húsos császárszalonna • 2 közepes vöröshagyma
vagy fél szál póréhagyma • 2 húsos paprika •
3-4 paradicsom • 8 apró gombafej •
2 gerezd fokhagyma • só
a díszítéshez: salátalevél*

A bárányhúst rostjaira merőlegesen 3 centi átmérőjű, kisujjnyi vastag érmékre vágjuk. Enyhén megborsozzuk, mustárral leheletvékonyan megkenjük, tálba rakjuk, és annyi olajat öntünk rá, amennyi éppen ellepi. Hűtőszekrényben, 3-4 napon át pácoljuk. A szalonnát a húshoz hasonló méretű – de nem olyan vastag – szeletekre vágjuk, a megtisztított hagymát cikkekre (a pórét karikákra) szeljük. A paprikát kicsumázzuk, a paradicsom szárát kimetsszük, az előbbit nagyobb kockákra, az utóbbit vastagabb karikákra vágjuk. A gombafejeket megtisztítjuk. Az érlelt húst kissé lecsöpögtetjük, présen átnyomott fokhagymával bekenjük, és a szalonnával meg a zöldségekkel váltakozva nyársra húzzuk. Az egészet enyhén megsózzuk, a hús pácolásához használt olajjal kissé meglocsoljuk. Erősen izzó parázs fölött (nem lángon!) a húst szép aranybarnára sütjük. A nyársat elektromos vagy faszenes grillen illetve a rántott húshoz hasonlóan bő olajban, de forró kemencében is megsüthetjük. Salátalevéllel díszítve, párolt zöldborsóval és sárgarépával tálaljuk. „Nyárstartónak" egyik oldalán V alakban bevágott, olajban megpirított kenyérszeleteket használhatunk.

*Elkészítési idő: 45 perc + a hús érlelése
Egy adag: 2571 kJ/615 kcal*

13

Báránysaslik
(nyárs)

HOZZÁVALÓK

60 dkg kicsontozott bárányhús • 8 apró vöröshagyma •
4 közepesen kemény paradicsom • 2 csemege uborka •
só • fél kiskanál őrölt kakukkfű • fél mokkáskanál
fokhagymás só • 1 mokkáskanál pisospaprika •
3-4 evőkanál olaj

A bárányhúst jó 2 centis kockákra vágjuk. A hagymát megtisztítjuk, a paradicsomok szárát kimetsszük. Mindkettőt félbe (ha nagyobbak, akkor cikkekre) vágjuk. Az uborkát ujjnyi vastagon fölszeleteljük. Az így előkészített anyagokat nyársra húzzuk úgy, hogy a végeikre hagyma kerüljön. Kissé megsózzuk. A fűszereket az olajba keverjük, és a nyársakat forgatva, erősen izzó parázs fölött úgy 20 perc alatt szinesre sütjük. Közben a fűszeres olajjal többször megkenjük.

Elkészítési idő: 45 perc
Egy adag: 2059 kJ/493 kcal

Bárányszeletek nyárson
(nyárs)

HOZZÁVALÓK

20 szem feketebors • 5 szem borókabogyó •
10-12 szem koriandermag • 2 dl olaj •
1-1 mokkáskanál szárított majoránna, kakukkfű
és tárkony (még ízletesebb, ha ezek frissek de akkor
a duplája kell) • 60 dkg kicsontozott báránycomb •
só • 1 kisebb citrom • kb. 1,5 dl száraz fehérbor •
30 dkg csiperkegomba • 4 közepes vöröshagyma •
15 dkg füstölt szalonna • őrölt bors •
4 gerezd fokhagyma

Az étel elkészítése előtt három-négy nappal a szemes fűszereket mozsárban összetörjük, az olajjal összekeverjük, és a majoránnával, a kakukkfűvel meg a tárkonylevél felével ízesítjük. Mialatt érleljük, többször megkeverjük, végül tiszta, sűrű szövésű kendőn átszűrjük. A combot ujjnyi vastag érmékre vágjuk, és egy tűzálló tálba úgy fektetjük egymásra, hogy mindegyiket sóval és a maradék finomra vágott tárkonylevéllel megszórjuk, a fűszeres olajjal meglocsoljuk, néhány csepp citromlevet is csöpögtetünk rá. Végül annyi félszáraz fehérbort öntünk bele, hogy a hússzeleteket éppen csak befedje, és a tetejére még egy kevés fűszeres olajat locsolunk. Lefödve a hűtőszekrényben 6-8 órán át érleljük, a szeleteket a pácban időnként megforgatjuk. Ezalatt a hús a fűszerek ízét kellően átveszi. Ezután a gombát megtisztítjuk, a vöröshagyma héját lehántjuk, és a hagymafejeket megfelezzük. A füstölt szalonnát vékony, a húsnál kisebb szeletekre vágjuk. A hússzeleteket a pácból kivesszük, száraz ruhával vagy papírtörölközővel leitatjuk, majd egy hosszú, állványon forgatható nyársra úgy húzzuk fel, hogy a húst hagyma, majd szalonnaszelet és gombafej kövesse. Ezt a sorrendet mindaddig követjük, amíg a hozzávalókból tart, de a nyárs két végére hagyma kerüljön. Az elkészített nyársat megborsozzuk, megsózzuk, majd dupla alufóliába tekerjük. A nyárs végén jól összecsavarjuk, nehogy a sütéskor keletkező pecsenyelé kifolyjon. A nyársat az állványra fektetve izzó parázs fölött addig forgatjuk, amíg a hús meg nem párolódik, ez úgy 25 perc. Ezután az alufóliát lebontjuk, és a hússzeleteket a megtisztított, egy kevés sóval összezúzott fokhagymával megkenjük. A nyársat ismét a parázs fölé rakjuk, és a fűszeres olajjal egy kenőtollal sűrűn kenegetve pirosra sütjük. (Vigyázzunk, nehogy túl barnára süljön, mert a fokhagymától megkeseredik.) Végül a hozzávalókat a nyársról lehúzva, előmelegített pecsenyéstálra rakjuk, és tűzforrón adjuk asztalra. Friss, puha kenyeret és salátákat kínálunk hozzá.

Elkészítési idő: 2 óra
Egy adag: 3675 kJ/879 kcal

Bélszín fűszeres vajjal
(rostély)

HOZZÁVALÓK

60 dkg bélszín (lehet hátszín is) • őrölt bors •
mustár • olaj • só,
a fűszervajhoz: 10 dkg vaj • 1-1 csokor metélőhagyma,
kapor meg petrezselyem • só, illetve ha van,
1 mokkáskanál szardellapaszta

A lehártyázott húst 1-1,5 centi vastag szeletekre vágjuk, és őrölt bors-
sal, mustárral meg olajjal vékonyan bedörzsöljük. 3-4 napig a hűtőszek-
rényben tartjuk, majd enyhén megsózva roston megsütjük. Tálaláskor
mindegyikre 1-1 karika fűszervajat rakunk. A fűszervajhoz a vajat simá-
ra keverjük az összevagdalt zöldfűszerekkel meg a sóval, illetve a szar-
dellapasztával, és hengert formálva belőle, alufóliába vagy folpackba
csomagoljuk. Legalább 1 napig a hűtőben tartjuk, hogy megkeményed-
jék. Tálalás előtt vizes késsel 0,5 centi vastag korongokat vágunk belő-
le. (Csak akkor vegyük ki a hűtőből, amikor a hús már majdnem készen
van, hogy tálalásig kemény maradjon.)

Elkészítési idő: 45 perc + érlelés
Egy adag: 2136 kJ/511 kcal

Bélszínjava cukkinivel sütve
(kemence).

HOZZÁVALÓK

2 dl tejszín • 2 dl tejföl • 4 zsenge cukkini (kb. 50 dkg) •
5 dkg reszelt parmezán sajt • 1 kis csokor bazsalikom •
só • őrölt fehér bors • 1 gerezd fokhagyma •
60 dkg érlelt bélszín • 3-4 evőkanál olaj • 2 dkg vaj

A tejszínt a fele tejföllel összekeverjük és kis lángon 4-5 percig főzzük,
hogy egy kicsit besűrűsödjön. A cukkiniket megmossuk, a végeiket le-

16

ágjuk. Utána hosszában kettéhasítjuk, 3 milliméter vastagon fölszele-
:ljük. A sajtot lereszeljük. A maradék tejfölt a tejszínes mártáshoz ad-
ık. A bazsalikomot fölaprítjuk, az előzőekhez adjuk, megsózzuk, meg-
orsozzuk, a présen áttört fokhagymával ízesítjük. A húst 4 nagyobb,
gyforma szeletre vágjuk, megsózzuk, kissé megborsozzuk és az olajon,
örös-körül megsütjük. A cukkinit négy, kivajazott, egyszemélyes tűz-
Iló tálba szórjuk, az elősütött húst ráfektetjük. A fűszeres, tejfölös már-
ist a zöldségre kanalazzuk, elsimítjuk. A sajtot a tetejére szórjuk úgy,
ogy a húsra jusson a több. Forró kemencében 10 percig sütjük.

Ő TANÁCS

Készíthetjük szűzpecsenyéből is, amit épp csak kissé ellapí-
tunk, de hasonlóan a bélszínhez, féltenyérnyi magasságúra
hagyjuk. Ugyanúgy járunk el vele, mint a bélszínnel.
Marhahús helyett fél csirkemellekkel is süthetjük.

lkészítési idő: 35 perc
gy adag: 2621 kJ/627 kcal

Bélszín vagy hátszín sütve
(kemence)

HOZZÁVALÓK

60 dkg előre bepácolt bélszín vagy hátszín • só •
késhegynyi őrölt bors • 4 evőkanál olaj

z érlelt húst megsózzuk, enyhén megborsozzuk, és forró olajon körös-
örül átsütjük. Tepsibe fektetjük, és visszamaradó zsírját rálocsoljuk.
Jőmelegített kemencében nagy lánggal angolosra, azaz véresre, vagy
élangolosra (ilyenkor a közepe rózsaszín marad) sütjük, vagy teljesen
tsütjük. (Az angolos bélszínt kb. 15, a hátszínt 25; a félangolos bélszínt
b. 25, a hátszínt kb. 35; a teljesen átsült bélszínt kb. 35, a hátszínt kb.
5 percig sütjük vastagságától függően.) Az eredményt ujjnyomással el-
:nőrizhetjük: ha a pecsenye tapintásra puha, akkor angolos; ha rugal-
nas, akkor félangolos; ha kemény, akkor pedig átsült. Fontos, hogy a

sütés félidejében a húst egyszer megfordítsuk. Felszeletelve, különböző mártásokkal és köretekkel tálalhatjuk. A húst kihűtve, vékonyan felszeletelve, egy kevés aszpikkal fényezve hidegtálra is tehetjük. Az egészben sült húst rostjaival párhuzamosan vékony csíkokra vágott füstölt szalonnával is megtűzdelhetjük. Szeletben is süthetjük. Ilyenkor a húst négy egyforma szeletre vágjuk, de nem verjük ki. Megsózzuk, megborsozzuk, és olajon nagy lángon minden oldalát megsütjük. Ezután előmelegített forró kemencében végig nagy lánggal az angoloshoz 5-6 percig, a félangoloshoz 7-8 percig, az átsülthöz 10-12 percig sütjük. A sütést mindig az utolsó percre hagyjuk, mert a hús frissen az igazi. A félangolos, illetve átsült változatnál a sütés lerövidíthető, ha a hússzeleteket egy kissé kiverjük.

Elkészítési idő: a sütéstől függ
Egy adag: 1560 kJ/360 kcal

Bográcsgulyás
(bogrács)

HOZZÁVALÓK

> 60 dkg marhalábszár • 1 közepes vöröshagyma
> (vagy 1 evőkanál vöröshagymakrém) • 4 evőkanál olaj •
> 1 evőkanál pirospaprika • só • 1 mokkáskanál
> köménymag • 2 gerezd fokhagyma (vagy 1 mokkáskanál
> fokhagymakrém) • 1 mokkáskanál Piros Arany krém •
> 60 dkg burgonya • 1 húsos zöldpaprika •
> 1 közepes paradicsom

A húst kissé apróbbra vágjuk, mint a pörkölthöz. Megmossuk, majd lecsöpögtetjük. A megtisztított, apróra vágott hagymát bográcsban, az olajon kevergetve 1-2 percig pirítjuk, pirospaprikával megszórjuk, majd gyorsan elkeverjük. Egy kevés vízzel felengedjük, majd zsírjára sütjük. Ekkor a húst hozzáadjuk, megsózzuk és kevergetve megpirítjuk. Köménymaggal, zúzott fokhagymával meg Piros Arany krémmel ízesítjük és egy kevés vizet aláöntünk. Lefödve, kis láng fölött párolni kezdjük. Amikor a hús majdne puha, zsírjára sütjük, majd az időközben kockára vágott burgonyát meg az apróra darabolt paradicsomot és paprikát s hozzáadjuk. Annyi vízzel (még jobb, ha csontlével) engedjük fel, amennyi levest szeretnénk, végül puhára főzzük. Tálalás előtt csipetkét szaggatunk bele.

Elkészítési idő: 2 óra
Egy adag: 2677 kJ/640 kcal

Burgonyás pogácsa
(kemence)

HOZZÁVALÓK (18 NAGY POGÁCSÁHOZ)
1 kg lisztes fajtájú burgonya • 5 dkg élesztő •
kb. 3 dl tej • 25 dkg reszelt trappista sajt •
8 dl (kb. 50 dkg) Graham-liszt • 7,5 dl (kb.
50 dkg) finomliszt • 1 evőkanál só • 25 dkg margarin
a nyújtáshoz: egy kevés liszt
a lekenéshez: 1 tojás

A burgonyát héjában megfőzzük, majd leszűrjük, még melegen meghámozzuk, áttörjük és hagyjuk kihűlni. Közben az élesztőt kb. 1 deci langyos tejbe morzsolva fölfuttatjuk, a sajtot lereszeljük. A kétféle lisztet egy nagy tálban 1 evőkanálnyi sóval összekeverjük és a margarinnal elmorzsoljuk. Az élesztőt meg a burgonyát hozzáadjuk, 20 deka reszelt sajtot beleszórunk, végül a maradék langyos tejjel közepesen kemény tésztává dagasztjuk. Ezt követően konyharuhával letakarjuk és egy éjszakára hűtőszekrénybe rakjuk. Másnap enyhén lisztezett deszkán kétujjnyi vastagágú, kb. 30x30 centis lappá nyújtjuk. A tészta tetejét késsel kissé bevagdossuk, majd a simára vert tojással megkenjük, 8 centi átmérőjű fánk-, illetve pogácsaszaggatóval kiszúrjuk és az így kapott pogácsákat sütőpapírral bélelt tepsire sorakoztatjuk. A maradék reszelt sajtot a tetejére szórjuk, végül előmelegített kemencébe toljuk. Nagy lánggal 5 percig, majd a közepesnél egy kicsit kisebb lánggal további 20 percig sütjük.

Elkészítési idő: 1 óra 50 perc + kelesztés
Egy pogácsa: 1757 kJ/420 kcal

Cigánypecsenye
(rostély)

HOZZÁVALÓK (SZEMÉLYENKÉNT)
2 szelet sertéstarja
a mártáshoz: 0,5 dl olaj • 0,5 dl testes vörösbor •
1-1 mokkáskanál őrölt rozmaring, grillfűszer,
majoránna • 2 gerezd fokhagyma • só

A mártáshozvalókat összekeverjük, és hideg helyen legalább fél napi állni hagyjuk. A kissé kivert tarjaszeleteket a bezsírozott rostélyra fek tetjük, és felső felét a mártással kenegetjük. Néhány perc múlva, amiko az alsó fele már megfehéredett, a hússzeletet megfordítjuk, és megken jük a felülre kerülő felét. Most már tovább hagyjuk a roston, amíg a hú parázs felőli fele meg nem pirult, majd ismét megfordítjuk, és amíg a alsó fele is megsült, a tetejét ismét megkenjük.

Elkészítési idő: 40 perc + érlelés
Egy adag: 3662 kJ/876 kcal

Cipóban sült csülök
(kemence)

HOZZÁVALÓK (KB. 1 KILÓHOZ)
2,5 dkg élesztő • 1,8 dl langyos víz vagy tej •
35 dkg (6,5 dl) finomliszt vagy kenyérliszt •
1 nagyobb szem (12 dkg) héjában főtt, még forrón
áttört burgonya • 1 kiskanál só • fél kiskanál cukor •
5 evőkanál hidegen sajtolt olaj
a töltelékhez: 40 dkg maradék füstölt sonka vagy főtt,
kicsontozott, lebőrözött csülökhús
a kenéshez: 1-2 evőkanál olaj
a nyújtáshoz: liszt

Az élesztőt 0,5 deci langyos vízbe vagy tejbe morzsolva fölfuttatjuk. A lisztet egy tálba szitáljuk és a többi hozzávalóval, a maradék vízzel vagy tejjel együtt könnyű tésztává dagasztjuk (akkor jó, ha az edény falától elválik). Langyos helyen, letakarva mintegy 50 percig kelesztjük, majd enyhén belisztezett deszkára borítjuk. Lisztes kézzel 1 centi vastagságúra lapítjuk és a sonka- vagy csülökdarabokat a közepére fektetjük. A tésztaszéleket ráhajtjuk, azután a cipót megfordítva egy beolajozott tepsire állítjuk úgy, hogy a sima felülete kerüljön fölülre. Közben olajjal megkenjük, és langyos helyen kb. 35 percig kelesztjük, azután még egyszer beolajozzuk. Végül előmelegített kemencébe toljuk és a közepesnél erősebb lánggal 25-30 percig sütjük. Ha még forrón vízzel bekenjük, a héja fényesebb lesz.

Elkészítési idő: 1 óra+ kelesztés
Egy adag: 1143 kJ/274 kcal

Cseresznyés nyúl
(bogrács)

HOZZÁVALÓK

kb. 1 kg konyhakész nyúl • só, őrölt bors •
5 dl édes vörösbor • 2 babérlevél • 1 ágacska kakukkfű •
fél csokor petrezselyem • 5 dkg vaj • 1 evőkanál olaj •
3 dundi újhagyma • 2 szál sárgarépa • 2 csapott evőkanál
cukor • 1 mokkáskanál ecet • 1 kiskanál ételízesítő por •
1 evőkanál liszt • 50 dkg cseresznye

A nyulat 8 részre vágjuk, megsózzuk, megborsozzuk és tálba rakjuk. A bort ráöntjük, a fűszereket beledobjuk, majd letakarva, hűtőszekrényben 2 napig pácoljuk. Utána a húst papírtörölközőre szedve leszárítjuk, és bográcsban a vaj meg az olaj keverékében körös-körül fehéredésig sütjük. Közben az újhagymát meg a répát megtisztítjuk és az előbbit zöldje nélkül karikákra, az utóbbit kockákra vágjuk. A húshoz adjuk, a boros páclevét ráöntjük, majd lefödve, kis tűz fölött kb. 50 perc alatt puhára pároljuk. Ezután a húst a bográcsból kiemeljük és szűrőlapáttal

21

a zöldséget is kiszedjük belőle. A cukrot kissé karamellizáljuk, az ecettel ízesítjük, azután a nyúl boros pácolólevébe öntjük. Ételízesítővel fűszerezzük, végül egy kevés liszttel sűrítjük. A puha nyulat ebben az ízes mártásban, a kimagozott cseresznyével 4-5 percig pároljuk. Pirítóssal kínáljuk.

JÓ TANÁCS
Ha nincs friss gyümölcs, fagyasztottal vagy befőttel is készíthetjük.

Elkészítési idő: 1 óra 15 perc + érlelés
Egy adag: 2170 kJ/519 kcal

Cseresznyés rétes
(kemence)

HOZZÁVALÓK (16 SZELETHEZ)
1 kg cseresznye • 10 dkg darált dió • 10 dkg zabkorpa •
1 evőkanál búzacsíra • 5 evőkanál méz •
2 csomag (4 lapos) réteslap • 3 evőkanál zsemlemorzsa •
5-6 dkg vaj

A cseresznyét leszárazzuk, lecsöpögtetjük és kimagozzuk. A darált dióval, a zabkorpával, a búzacsírával meg a mézzel összekeverjük. Egy csomag réteslapot nedves konyharuhán kiterítünk, minden lap közé egy kevés zsemlemorzsát hintünk és néhány csöpp olvasztott vajat locsolunk. A cseresznyés töltelék felét egy csíkban a tészta felénk eső oldalára halmozzuk. Felcsavarjuk és enyhén kivajazott tepsire fektetjük. A másik rúd rétest ugyanígy készítjük el. Előmelegített kemencében, nagy lánggal kb. 20 perc alatt ropogós pirosra sütjük. Fele meggy, fele cseresznye keverékével is készíthetjük.

Elkészítési idő: 50 perc
Egy szelet: 724 kJ/173 kcal

22

Cserépben sült java
(kemence)

HOZZÁVALÓK

50 dkg sertéscomb • só • 5 dkg liszt • 4 evőkanál olaj • 10 dkg füstölt szalonna • 10 dkg sonka • 60 dkg burgonya • 15 dkg gomba • 1 közepes vöröshagyma • egy-egy késhegynyi őrölt bors és majoránna • 1 cikk (30 dkg) kelkáposzta

Sütés előtt a római tálat (kerámia tálat) kb. 20 percre hideg vízbe áztatjuk. A húst 4 nagy szeletre vágjuk, kissé kiverjük, megsózzuk. Utána lisztbe forgatjuk, az olajon körös-körül elősütjük. A szalonnát kisebb kockákra vágjuk, a hús sütésénél visszamaradó olajban kisütjük, a pörcöt félretesszük. A sonkát is megpirítjuk ebben az olajban. A burgonyát, a gombát és a hagymát megtisztítjuk, cikkekre vágjuk, összekeverjük, majd a tál aljára halmozzuk a felét. A hússzeleteket ráfektetjük, megborsozzuk, a majoránnával megszórjuk. A maradék hagymás-gombás burgonyát ráhalmozzuk. Erre kerül a pörc meg a sonka, majd az egészet leforrázott, lecsöpögtetett kelkáposztával beborítjuk, a szalonna zsírjával meglocsoljuk. A tálat lefedjük, azután közepesen forró kemencében 1 órát sütjük.

Elkészítési idő: 2 óra
Egy adag: 3319 kJ/794 kcal

Csevapcsicsa
(rostély)

HOZZÁVALÓK

40 dkg darált sertéscomb • 40 dkg darált marhafelsál • 1 fej reszelt vöröshagyma • késhegynyi szódabikarbóna • só • őrölt bors • 5 dkg füstölt szalonna • egy kevés olaj a köretnek: 5 nagy fej lilahagyma

A kétféle darált húst a reszelt vöröshagymával, a szódabikarbónával, sóval, borssal összegyúrjuk, és néhány óráig hűvös helyen pihentetjük. Ujjnyi kolbászkákat formálunk belőle, és a szalonnával megkent rostélyon, egy kevés olajjal locsolgatva, mindkét felén megsütjük. Körete lilahagyma, amelyet legalább fél nappal fogyasztás előtt kell nagy kockákra vágni, hogy az ereje elillanjon, no meg puha kenyér.

Elkészítési idő: 45 perc + pihentetés
Egy adag: 2111 kJ/505 kcal

Csirkegulyás
(bogrács)

HOZZÁVALÓK (10 SZEMÉLYRE)
3 konyhakész csirke (3,5 kg) • 3 fej vöröshagyma •
1 gerezd fokhagyma • 1 mokkáskanál köménymag •
30 dkg vegyeszöldség • 10 evőkanál olaj vagy
10 dkg zsír • 1 púpozott evőkanál pirospaprika •
kb. 2 csapott evőkanál só • 5 dkg paradicsompüré •
2-2 paradicsom és zöldpaprika • 1,5 kg burgonya

A csirkét 8 részre daraboljuk. Ha van zúzája és mája, azt is hozzáadjuk. A hagymát megtisztítjuk és apróra vágjuk. A fokhagymát a köménymaggal együtt szintén apróra vágjuk. A vegyeszöldséget tisztítás után 1 centis kockákra aprítjuk. Bográcsban, megforrósított olajon (zsírban) a csirkét a hagymával meg a fokhagymás köménymaggal jól megpirítjuk. Utána hozzákeverjük a vegyeszöldséget, a paradicsompürét a fölaprított paprikát és paradicsomot, meg a cikkekre vágott burgonyát. Kb. 4 liter vizet öntünk rá, megsózzuk, és közepesen erős tűz fölött úgy 35 perc alatt puhára főzzük. Csipetkét is szokás belefőzni.

Elkészítési idő: 1 óra 10 perc
Egy adag: 2099 kJ/502 kcal

Csirkemell szezámbundában
(grillsütő vagy kemence)

HOZZÁVALÓK

2 nagyobb csirkemell • fél evőkanál só •
1 mokkáskanál őrölt bors • 20 dkg szezámmag •
2 tojás • 2 mokkáskanál olívaolaj •
2-3 evőkanál liszt • 7 dkg vaj

A csirkemellet kicsontozzuk, a bőrét lefejtjük és a húst félbevágjuk. Az így kapott fél melleket hosszában félbehasítjuk, de nem vágjuk szét teljesen. Ezután kiterítjük, hogy egy-egy nagy hússzeletet kapjunk. Enyhén kiverjük, és megsózva, megborsozva félrerakjuk. A szezámmagot egy serpenyőben szárazon – zsiradék nélkül – kevergetve aranysárgára pirítjuk. A tojásokat egy mély tányérban kissé fölverjük és az olívaolajat belekeverjük. A húst a lisztben, az olívaolajos tojásban meg a pirított szezámmagban megforgatva bundázzuk, azután grillrácsra fektetve 20 percig pihentetjük. Egy tepsit papírral kibélelünk, majd a húsokkal megrakott grillrácsot rárakjuk. A vajat fölolvasztjuk és a felét a húsra locsoljuk. Forróra előmelegített grillsütőben – vagy kemencében, közepes lánggal – 15 percig sütjük. Ezután a szeleteket óvatosan megfordítjuk, a maradék vajjal meglocsoljuk, majd a sütőbe visszatolva további 10 percig sütjük.

Elkészítési idő: 45 perc + pihentetés
Egy adag: 2818 kJ/674 kcal

Csirkés rablópecsenye
(nyárs vagy kemence)

HOZZÁVALÓK

1 konyhakész csirke melle, combja és mája •
8-10 szem apró vöröshagyma • 3 paradicsom •
1 zöldpaprika • 5 dkg hajszálvékony szelet füstölt szalonna
a pácléhez: 2 evőkanál narancs-szörp • 1 citrom leve •

25

6-8 evőkanál olaj • só • egy-egy késhegynyi gyömbérpor,
Cayenne bors és őrölt bors

A csirkét lebőrözzük, kicsontozzuk, és húsát hüvelykujjnyi darabokra vágjuk. Összekeverjük a páchozvalókat, és leöntjük vele a húsdarabokat. Jól összekeverjük, hogy a húst a fűszerek átjárják, és a hűtőszekrényben legalább fél napig érleljük, közben a levében a húst meg-megforgatjuk. Ezután nyársra húzzuk a megtisztított, egészben hagyott hagymával, a paradicsomdarabokkal meg zöldpaprikacsíkokkal váltogatva, és közésoroljuk a négy darabba vágott, hajszálvékony füstöltszalonna-szeletekbe göngyölt májat is. Faszénparázs fölött vagy kemencében, a tepsi peremére fektetve a nyársakat, szép pirosra sütjük. Nem hiányozhat mellőle a saláta és valamilyen hideg mártás sem, amely legegyszerűbb, ha 2 deci joghurtot összekeverünk ugyanannyi tejföllel meg 2 gerezd tört fokhagymával, és adunk hozzá durvára vágott sós földimogyorót is.

Elkészítési idő: 1 óra + érlelés
Egy adag: 1881 kJ/450 kcal

Csukapörkölt
(bogrács)

HOZZÁVALÓK

1,2 kg konyhakész csuka • só • 2 vöröshagyma •
1 zöldpaprika • 6-7 evőkanál olaj • 1 kiskanál
pirospaprika • 1 babérlevél • 2 gerezd fokhagyma •
fél mokkáskanál őrölt bors • 1 kisebb paradicsom •
1-1 mokkáskanál ételízesítő por, cseresznyepaprikakrém
és őrölt köménymag

A megtisztított csukát kétujjnyi vastag szeletekre vágjuk és besózzuk. A hagymát megtisztítjuk, a paprikát kicsumázzuk, mindkettőt apróra vágjuk és a bográcsban, az olajon megfonnyasztjuk. A pirospaprikával meg-

26

szórjuk, 2-2,5 deci vízzel fölöntjük. Amint fölforrt, a haldarabokat belerakjuk. A babérlevelet meg a zúzott fokhagymát beleszórjuk, megborsozzuk. A fölaprított paradicsom, ételízesítő por, cseresznyepaprikakrém meg köménymag is belekerül. Annyi vizet öntünk rá, amennyi majdnem ellepi. Kis lángon, lefödve, többször megkeverve kb. 30 perc alatt megpároljuk.

Elkészítési idő: 1 óra
Egy adag: 2070 kJ/495 kcal

Csülök pékné módra
(bogrács és kemence)

HOZZÁVALÓK

1 nagy hátsó vagy 2 kisebb mellső csülök • só •
1 kiskanál egész bors • 1 fej vöröshagyma •
1-2 gerezd fokhagyma • 1 babérlevél
a körethez: 1 kg burgonya • 20 dkg gyöngyhagyma
vagy 2-3 közepes fej vöröshagyma • só • őrölt bors •
1 csokor petrezselyem • késhegynyi pirospaprika •
majoránna • 3-4 evőkanál olaj

A csülköt jól megmossuk, az esetlegesen rajta maradt szőrszálakat leperzseljük és lekaparjuk. Utána bográcsba rakjuk, és annyi vizet öntünk rá, amennyi bőven ellepi. Megsózzuk, az egész borssal, a megtisztított, negyedekbe vágott vöröshagymával és a zúzott fokhagymával meg a babérlevéllel ízesítjük. Kis láng fölött kb. 1 óra alatt lefödve szinte teljesen puhára főzzük. Ezután leszűrjük és tepsibe fektetjük. A körethez a burgonyát meg a hagymát megtisztítjuk, cikkekre vágjuk (a gyöngyhagymát egészben hagyjuk). Megsózzuk, megborsozzuk, és a csülök köré rakjuk. Az apróra vágott petrezselyemmel, a pirospaprikával meg a majoránnával megszórjuk, sőt össze is keverjük. Az olajjal meglocsoljuk, és kemencében mintegy 1 óra alatt közepes lánggal megsütjük. A húsnak, a bugonyának és a hagymának egyszerre kell megpuhulnia, ezért néhányszor forgassuk át, és saját „zsírjával" locsolgassuk meg. Tálaláskor a húst a csontról lefejtjük, felszeleteljük, majd a csontra ügyesen visszarakva tálaljuk. Körete a vele sült hagymás burgonya.

Elkészítési idő: 2 óra 30 perc
Egy adag: 3483 kJ/833 kcal

Darázsfészek
(kemence)

HOZZÁVALÓK (12 DARABHOZ)
   a tésztához: 2,5 *dkg élesztő* • 2,8 *dl langyos tej* •
   1 *evőkanál cukor* • 50 *dkg finomliszt* •
   12,5 *dkg Graham-liszt* • 2 *tojás* • 1 *kiskanál só*
   a töltelékhez: 10 *dkg margarin* • 10 *dkg darált dióbél* •
   10 *dkg porcukor (szőlőcukor)*
   a forma kikenéséhez: vaj
   a tetejére: 5 *dkg margarin* • 1 *evőkanál cukor* •
   0,5 *dl tejszín vagy tej* • 1 *csomag vaníliás cukor*

Az élesztőt 1 deci tejben egy kevés cukorral fölfuttatjuk. Utána a maradék tejjel és a többi tésztáhozvalóval hólyagosra dagasztjuk. Langyos helyen 1 órán át pihentetjük, majd finoman átgyúrjuk, és újabb 30 percet kelesztjük. Ezalatt a töltelékhez a puha margarint a darált dióval és a porcukorral összekeverjük. A tésztát enyhén belisztezett deszkán 3 milliméter vastagságú, 36x20-25 centis téglalappá nyújtjuk. A diókrémmel megkenjük majd akár a piskótatekercset, föltekerjük. Olvasztott margarinba mártott késsel 12 körülbelül 3 centi vastag szeletre vágjuk. Ol-

alukat olvasztott margarinnal egyenként körbekenjük, majd enyhén kiajazott 26 centi átmérőjű tortaformába egymás mellé fektetjük. Tetelket a maradék margarinnal megkenjük és előmelegített kemencében, özepes lánggal 20 percig sütjük. Ekkor a cukorral édesített tejszínnel lleglocsoljuk és erősebb lánggal további 15-18 percig sütjük. Még megen a vaníliás cukorral meghintjük.

lkészítési idő: 1 óra + kelesztés
gy darab: 1890 kJ/452 kcal

Debreceni nyárson sütve
(nyárs)

OZZÁVALÓK
8 kisebb vöröshagyma • 2 húsos zöldpaprika •
2 húsos piros színű paprika • 4 szál debreceni • só

. hagymát megtisztítjuk; ha közepesen nagyok akkor el is felezzük. A étféle paprikát kicsumázzuk, nagyobb kockákra vágjuk. A debrecenit örben, nem túl mélyen bevagdossuk, és hosszában, a zöldségekkel válnkozva nyársra húzzuk úgy, hogy mindkét végükre hagyma kerüljön. . hagymát meg a paprikát megsózzuk, és a nyársat forgatva erős parázs ;lött megsütjük. Paradicsomkarikákkal is gazdagíthatjuk.

:lkészítési idő: 25 perc
:gy adag: 1338 kJ/ 320 kcal

Délies halnyárs
(nyárs)

lOZZÁVALÓK
80 dkg fehér húsú halfilé (fagyasztott is lehet) •
1 nagyobb citrom • 3-3 közepes narancs és banán • só •
1 csapott kiskanál currypor • 2-3 evőkanál olaj

29

A halat kb. 4 centi széles csíkokra vágjuk, és citromlével meglocsolva állni hagyjuk, amíg a gyümölcsöket előkészítjük. A narancsokat alapo san megmossuk, félbevágjuk, majd jó ujjnyi vastagon fölszeleteljük. A meghámozott banánokat 4-5 centis darabokra vágjuk és mindegyikr egy-egy kissé besózott halat tekerünk. Curryvel megszórjuk, majd a na rancsszeletekkel felváltva 4 nyársra húzzuk. Olajjal kenegetve parázs fö lött, forgatva kb. 5 percig sütjük. Ananászos kukoricasalátával kínáljuk

Elkészítési idő: 35 perc
Egy adag: 1756 kJ/420 kcal

Egészben sült karaj
(kemence)

HOZZÁVALÓK
  70 dkg sertéskaraj • só • fél-fél mokkáskanál őrölt bors
  és pirospaprika • 4 evőkanál olaj
  a pecsenyeléhez: 1 kiskanál paradicsompüré •
  1 kiskanál liszt • késhegynyi só és őrölt kömény

A húst kicsontozzuk, de egyben hagyjuk. (A csontból levest főzhetünk. Megsózzuk, a borssal meg a pirospaprikával bedörzsöljük, és zsineg gel – mint a kötözött sonkát – megkötözzük. Utána forró olajban kö rös-körül pirosra sütjük, majd tepsibe fektetjük. Előmelegített kemen cében közepes lánggal kb. 45 percig sütjük. Közben saját zsírjával lo csolgatjuk. Ha zsírjára sült, egy kevés vizet öntünk alá. Sütés közbe néhányszor megforgatjuk, hogy egyenletesen piruljon meg. Amiko kész, deszkára fektetjük, és rövid pihentetés után – miután a zsinege lebontottuk róla – fölszeleteljük. A pecsenye szaftjából ún. pecsenye levet készítünk. Hozzáadunk 1 kiskanál paradicsompürét, 1 kiskaná lisztet, késhegynyi sót és őrölt köményt, majd egy kevés vizet öntün hozzá, és híg, mártás sűrűségűvé főzzük. A hús mellé külön kínáljuk A sült, fölszeletelt húst salátával hidegen is tálalhatjuk. Készíthetjü töltve is. Ilyenkor a húst középen felszúrjuk, s a nyílást egy kissé kimé lyítjük. Bőr nélküli gyulai kolbászt, főtt tojást, esetleg besameles vag ajtos párolt zöldséget is tölthetünk bele. A tölteléktől függően gyulai, tefánia vagy zöldséges karajnak nevezzük.

Elkészítési idő: 1 óra 15 perc
Egy adag: 1468 kJ/351 kcal

Egzotikus csirkecomb
(kemence)

HOZZÁVALÓK

4 csirkecomb • só • 6 karika konzervananász és a leve is •
3 evőkanál olaj • 1 kisebb zöldpaprika •
1-1 késhegynyi őrölt bors, őrölt gyömbér és curry por

A csirkecombokat megmossuk, leszárogatjuk. Aki szereti, előtte a bőrét e is húzhatja. Utána a húst megsózzuk, 4-5 evőkanál ananászlével megöcsoljuk és letakarva, hűtőszeklrényben 2-3 órán át érleljük. Utána tepibe rakjuk, olajjal meglocsoljuk és közepesen forró kemencében kb. 35 perc alatt szép pirosra sütjük. Közben a konzerv ananászt meg a földabolt zöldpaprikát merülőmixerrel pépesítjük, megborsozzuk, a gyömbérrel meg a curryvel fűszerezzük. Tálaláskor a sült csirkecombokra halnozzuk. Sült burgonya meg friss saláta illenek hozzá.

Elkészítési idő: 50 perc + érlelés
Egy adag: 1497 kJ/358 kcal

Egzotikus csirkenyárs
(nyárs)

HOZZÁVALÓK (8 SZEMÉLYRE)

16 csirkefelsőcomb • só • 4 evőkanál olaj •
2 evőkanál nem túl sós szójamártás • 1 kiskanál mustár •
1 mokkáskanál currypor • egy-egy késhegynyi őrölt
korriander és szegfűszeg • 1 mokkáskanál őrölt gyömbér •

2 evőkanál durvára vágott pörkölt földimogyoró •
késhegynyi fokhagymás só • 1 evőkanál méz

A felsőcombokat kicsontozzuk, besózzuk. Az olajat a szójamártássa
meg a mustárral összekeverjük, majd az összes többi hozzávalót hozzá
adjuk. Utána a húsokat beleforgatjuk, és letakarva, hűtőszekrényben eg
éjjelen át érleljük. Sütés előtt a combokat kissé fölgöngyöljük, és fogvá
jóval vagy hústűvel rögzítjük, majd egymás mellé nyársra húzzuk. Pa
rázs fölött forgatva 30-35 perc alatt szép pirosra sütjük.

Elkészítési idő: 50 perc + érlelés
Egy adag: 2717 kJ/650 kcal

Egzotikus lazacnyárs
(nyárs)

HOZZÁVALÓK

60 dkg tisztított, bőr és szálka nélküli lazacfilé •
só, őrölt bors • 2 mangó
az öntethez: 2 dl joghurt • 1 kisebb ecetes uborka •
fél csokor kapor • fél citrom leve

A lazacot 2,5 centis kockákra vágjuk, megsózzuk, megborsozzuk. /
mangót meghámozzuk, félbehasítva a magját kiemeljük, húsát 2 centi
kockákra daraboljuk, majd a hallal váltakozva nyársra húzzuk. Közepe
sen izzó parázs fölött úgy 10 perc alatt megsütjük. Közben a joghurto
a lereszelt ecetes uborkával, a fölaprított kaporral meg a citrom kipré
selt levével ízesítjük. A lazacnyársat a fűszeres joghurttal tálaljuk.

JÓ TANÁCS

Idényben a nyársat gombával, lila hagymával, különféle sz
nű paprikával vagy cukkinivel is gazdagíthatjuk.

Elkészítési idő: 35 perc
Egy adag: 1108 kJ/265 kcal

Emeletes vagdalt
(rostély)

HOZZÁVALÓK

*25-25 dkg darált marha és sertéshús • 1 kisebb
vöröshagyma • fél csomó metélőhagyma • fél csokor
petrezselyem • 6 dkg vaj • pár csepp citromlé •
egy-egy késhegynyi mustár és Worchester-mártás •
1 tojás • 3 evőkanál zsemlemorzsa • 1 evőkanál reszelt
parmezánsajt • 1 kiskanál pirospaprika • só •
1 mokkáskanál őrölt bors • 2 evőkanál olaj •
4 szelet ementáli sajt*

A kétféle darált húst tálba rakjuk. A hagymát megtisztítjuk, és finomra
aprítjuk, ahogyan a metélőhagymát meg a petrezselymet is. Mindhárom-
ból a vajhoz adunk egy-egy csipetnyit, a többit a húshoz keverjük. A vaj-
ba még egy kevés citromlevet, mustárt meg Worchestert is keverünk, kis-
sé megsózzuk, megborsozzuk, alufóliába csomagoljuk, fagyasztóba
tesszük. A fűszeres húst a tojással, a morzsával meg a parmezánnal ke-
verjük össze, a pirospaprikával fűszerezzük, megsózzuk, megborsozzuk,
majd 8 hűspogácsát formálunk belőle. Megolajozott rostélyra fektetjük,
és közepesen izzó parázs fölött oldalanként 5-5 percig sütjük. Amikor
kész, kettőt-kettőt úgy rakunk egymásra, hogy sajtot bújtatunk közéjük.
Épp csak annyi időre rakjuk vissza a rostélyra, míg a sajt megolvad.
Ügyesen tányérokra emeljük, végül mindegyik tetejére egy-egy szelet fű-
szervajat rakunk. Savanyúságokkal, ketchuppal, puha kenyérrel és ha
van rá mód, hasábburgonyával tálaljuk.

Elkészítési idő: 50 perc
Egy adag: 2400 kJ/574 kcal

Fácán rablóhús

(nyárs)

HOZZÁVALÓK

1 nagyobb, konyhakész fácán • 1 púpozott evőkanál fokhagymakrém (esetleg 4-5 gerezd friss) • fél mokkáskanál őrölt bors • 1-1 csapott kiskanál só és ételízesítő por • 20 dkg füstölt szalonna

A konyhakész fácánt fokhagymakrémmel bedörzsöljük, sóval, borssal meg ételízesítővel megszórjuk. Becsomagoljuk és hűtőszekrényben így érleljük 2-3 napon át, hogy az ízek és az illatok átjárják. Utána vékony csíkokra vágott füstölt szalonnával a mellét meg a combjait megtűzdeljük, ismét a fóliába csomagoljuk. Lehetőség szerint akácfából égetett forró parázsba rakjuk és kb. 20 percig így hagyjuk. Utána kicsomagoljuk, nyársra húzzuk és egy másik nyársról rácsepegtetett szalonnazsírral kenegetve, többször megforgatva mintegy 25 perc alatt megsütjük.

*Elkészítési idő: 1 óra 20 perc + érlelés
Egy adag: 1714 kJ/410 kcal*

Fecskendezett hátszín

(nyárs)

HOZZÁVALÓK

kb. 80 dkg kicsontozott hátszín • 2 evőkanál ételízesítő por • 1 csapott evőkanál grill fűszerkeverék • 1 gerezd fokhagyma • 1,5 dl víz • 1 evőkanál mustár • 5 evőkanál olaj • 10 dkg füstölt szalonna • só • 2 dl sör

A hátszínről a hártyát lefejtjük. Az ételízesítőt a grill keverékkel meg a zúzott fokhagymával a vízben 1 percig forraljuk. Kissé hülni hagyva speciális pácolótűbe töltjük, majd a hús belső rétegeibe fecskendezzük. Mustárral meg olajjal bekenjük, fóliába tekerjük, 6-7 napig hűtőszekrényben érleljük. A szalonnát vékony csíkokra metéljük, a húst a rostokkal párhuzamosan megtűzdeljük vele. Megsózzuk, a közepén egy vastagabb nyársat átszúrunk, majd kissé izzó faszénparázs fölött, gyakran forgatva, 35 perc alatt (ez a vastagságától függ), megsütjük. Közben sörrel kenegetjük, hogy szép színe legyen. Fölszeletelve, salátákkal kínáljuk.

Elkészítési idő: 1 óra
Egy adag: 2864 kJ/685 kcal

Fokhagymás bárány zöldségágyon
(kemence)

HOZZÁVALÓK

    4 báránylábszár • 4-5 gerezd fokhagyma • fél evőkanál majoránna • 1 evőkanál só • 4 evőkanál olaj a zöldségágyhoz: 1 csomó újhagyma • 1 kis fej karfiol • 60 dkg brokkoli (fagyasztott is jó) • 2 húsos paprika • 2-3 paradicsom • 1 cukkini és 3-4 húsos halványzeller nyél (ha van) • 1 csokor petrezselyem • só, őrölt bors

A hús alsó részét a csontnál körbevágjuk, és egy késsel fellazítjuk, hogy szebben süljön, ne zsugorodjon rá a csontra. A zúzott fokhagymát a majoránnával, a sóval meg az olajjal összekeverjük és alaposan a lábszárba dörzsöljük. A zöldféléket megtisztítjuk. A hagymát fölkarikázzuk, a karfiolt meg a brokkolit rózsáira szedjük. A paprikát kicsumázzuk, a paradicsom szárát kimetsszük, a cukkinit meg a zellerszárat meghámozzuk és mindet kockákra vágjuk, a petrezselymet fölaprítjuk. Az összes zöldséget összekeverjük, megsózzuk, megborsozzuk, majd egy tűzálló tálba szórjuk. A húst ráfektetjük, egy kevés vizet aláöntünk és alufóliával letakarjuk. Kemencében, közepes lánggal saját levével gyakorta meglocsolva mintegy 2 órát sütjük, közben a húst háromszor-négyszer megforgatjuk. Közben az utolsó fél órában a fóliát levesszük, hogy a hús szép aranybarnára süljön, s a zöldségek leve is elpárologjon.

Elkészítési idő: 2 óra 20 perc
Egy adag: 2132 kJ/510 kcal

Fokhagymás busa
(rostély vagy grillsütő)

4 nagy, kb. 20-20 dkg-os busaszelet • só, őrölt bors •
3-4 gerezd fokhagyma
a hal áztatásához: tej
a sütéshez: 2 evőkanál olaj

A halszeleteket sóval, borssal, zúzott fokhagymával bedörzsöljük és egy lapos edénybe fektetjük. Annyi tejet öntünk rá, amennyi ellepi, és minimum 2 órán át, de még jobb, ha egy éjszakán át állni hagyjuk. Másnap a szeleteket a tejből kiemeljük, és a nedvességet leitatjuk róluk. Mindkét oldalukat egy kevés olajjal megkenjük. Rostélyra fektetjük vagy grillsütőben megsütjük. Köretnek burgonyapürét kínálunk hozzá.

Elkészítési idő: 25 perc + pácolás
Egy adag: 688 kJ/160 kcal

Fokhagymás keszeg
(rostély)

8 kisebb keszeg • 2 csapott kiskanál só • 5 gerezd
fokhagyma • 3 evőkanál liszt

Az alaposan megtisztított keszegeket nagyon sűrűn beirdaljuk - így a szálkák teljesen átsülnek, ehetővé válnak -, és a vágatokat sóval kevert tört fokhagymával bedörzsöljük. A halak hasát is fokhagymával kenjük be. Utána lisztbe mártjuk, és a forró rostélyra téve, mindkét oldalán ropogósra sütjük.

Elkészítési idő: 40 perc
Egy adag: 857 kJ/205 kcal

Fokhagymás marhahúsrudak
(nyárs)

HOZZÁVALÓK

*60 dkg darált marhahús • 15 dkg darált sertéstarja
(esetleg lapocka) • késhegynyi só •
1 csapott kiskanál fokhagymás só • 1 csapott
mokkáskanál őrölt bors • 3 evőkanál olaj •
4 kicsi, kemény paradicsom*

A kétféle darált húst összekeverjük – ha csak marhából készülne, kicsit szárazabb lenne – megsózzuk, a fokhagymás sóval meg a borssal fűszerezzük. Hűtőszekrényben rövid ideig dermesztjük, így könnyebb formálni, majd 12 darab, egyenként kb. 4 centi hosszú rudat formálunk belőle. Megolajozott nyársra húzzuk, a végeikre egy-egy paradicsom kerül. A húst megkenjük olajjal, és erős tűz fölött, gyakran forgatva kb. 15 perc alatt megsütjük.

*Elkészítési idő: 30 perc + a hús pihentetése
Egy adag: 1973 kJ/472 kcal*

Fóliában sült gyümölcsnyárs
(nyárs vagy grillsütő)

HOZZÁVALÓK

*1-1 nagyobb alma, körte és banán • fél citrom •
2 kivi • 1 friss vagy 30 dkg konzerv ananász •
4 sárgabarack • 10 dkg cukor • 1 mokkáskanál
őrölt fahéj • 2 dkg vaj*

Az összes gyümölcsöt meghámozzuk. Az almát, a körtét meg a banánt citromlével meglocsoljuk, nehogy megbarnuljanak. Utána mindet 2 centis kockákra illetve cikkekre vágjuk, és fölváltva nyársra vagy megvajazott hurkapálcára húzzuk. A cukrot a fahéjjal összekeverjük, majd egyenletesen a nyársakra szórjuk. Egyenként megvajazott alufóliába csomagoljuk, és faszénparázs fölött vagy grillsütőben, közepes lánggal kb. 10 percig sütjük.

Elkészítési idő: 35 perc
Egy adag: 995 kJ/238 kcal

Fóliában sült tenger hal
(rostély)

HOZZÁVALÓK
80 dkg fagyasztott tengeri halfilé • só • 1 evőkanál halfűszerkeverék • 1 citrom • 10 dkg füstölt szalonna • 1 kisebb csokor petrezselyem • 2-3 evőkanál olaj

A szobahőmérsékleten fölengedett halat sóval és halfűszerkeverékkel jól bedörzsöljük. Utána 4 kiolajozott alufóliára fektetjük úgy, hogy egyformán jusson belőle. A tetejükre karikákra vágott citromot, szalonnaszeleteket és petrezselymet fektetünk. A fóliát ráhajtjuk, a széleit becsavarjuk. Hamvadó faszénparázs fölött kb. 25 percig sütjük. Az elmaradhatatlan majonéz (lehetőleg kapros) mellett friss salátát kínálunk hozzá.

Elkészítési idő: 40 perc
Egy adag: 1957 kJ/468 kcal

Fóliában sült zöldséges pisztráng
(rostély)

HOZZÁVALÓK
4, egyenként kb. 25 dkg-os konyhakész pisztráng • só • 1 csomag (40 dkg) fagyasztott mexikói zöldségkeverék • 4 dkg vaj • 1 kisebb csokor petrezselyem

A halat kívül-belül megsózzuk. A zöldségkeveréket a vajon megpároljuk, a fölaprított petrezselyemmel fűszerezzük, megsózzuk. Ha kész, alufólialapra szórjuk, a halat ráfektetjük. Jól a fóliába csomagoljuk, majd halas oldalával lefedve rostélyra rakjuk. Kis parázs (inkább csak hamvadó) fölött kb. 25 percig sütjük-pároljuk.

Elkészítési idő: 45 perc
Egy adag: 1234 kJ/295 kcal

Fóliás zsiványok
(nyárs)

HOZZÁVALÓK

> *40 dkg sertéscomb • 15 dkg császárszalonna •*
> *4 közepes burgonya • 4 közepes vörshagyma •*
> *2 húsos zöldpaprika • só • őrölt bors*

A combot 2 centis kockákra vágjuk. A szalonnát hasonló nagyságúra, de vékonyabbra vágjuk. A burgonyát meg a hagymát megtisztítjuk, az előbbit kicsit vastagabban, az utóbbit valamivel vékonyabban (esetleg cikkekre) szeleteljük föl. A paprikát kicsumázzuk, a szalonnához hasonló darabokra aprítjuk. Az így előkészített hozzávalókat váltakozva nyársra húzzuk. Megsózzuk, megborsozzuk, majd alufóliába csomagoljuk, a végeit különösen jól lenyomkodjuk. Parázs felett, állandóan forgatva sütjük. Úgy 20 perc után, amikor a burgonya is megpuhult, a fóliát levesszük róla, és szinesre sütjük.

Elkészítési idő: 45 perc
Egy adag: 2606 kJ/620 kcal

Fürjek szalonnaköpenyben sütve
(nyárs)

HOZZÁVALÓK

12 konyhakész pecsenyefürj • só • 1 csapott evőkanál
majoránna • 1-1 kiskanál őrölt borsikafű és kakukkfű •
12 vékony szelet húsos szalonna (sliced bacon)

A fürjeket megmossuk, leszárogatjuk, majd a szárnyaikat a háta alá, fe-
szesre hajtjuk. A hát végződésénél a bőrt kilyukasztjuk, hogy a combvé-
geket átbújtathassuk rajtuk. A fürj így nyeri el szép formáját. Utána ha-
süregüket besózzuk, majoránnával meghintjük. Kívül is megsózzuk, bor-
sikával meg kakukkfűvel fűszerezzük. Minden kis szárnyast egy-egy sze-
let szalonnával körbetekerünk, fogvájóval rögzítjük. Végül hármasával
nyársra húzzuk, és kis lánggal égő faszénparázs fölött, többször megfor-
gatva kb. 25 perc alatt megsütjük.

Elkészítési idő: 50 perc
Egy adag: 2195 kJ/525 kcal

Füstölt rablónyárs
(nyárs)

HOZZÁVALÓK

40 dkg főtt füstölt hús • 8 dkg húsos szalonna •
8 karika konzerv ananász •
20 szem konzerv gyöngyhagyma

A füstölt húst, a szalonnát meg a lecsöpögtetett ananászt 2 centis koc-
kákra vágjuk és a leszárogatott gyöngyhagymával együtt, felváltva 4
nyársra húzzuk. Közepesen izzó faszénparázs fölött, forgatva 8-10 per-
cig sütjük.

Elkészítési idő: 25 perc
Egy adag: 1798 kJ/430 kcal

Fűszeres burgonya
(kemence)

50 dkg burgonya • 1 tojás • 2 dl tej •
10 dkg reszelt ementáli vagy trappista sajt •
1 kiskanál só • fél mokkáskanál őrölt bors •
késhegynyi reszelt szerecsendió
a tál kikenéséhez: 1 nagy gerezd fokhagyma • vaj

A burgonyát meghámozzuk, megmossuk, majd nagyon vékonyan fölszeleteljük. Az uborkagyalu is jó erre a célra. A tojást a tejjel elhabarjuk, a burgonyával meg a sajt kétharmadával összekeverjük, megsózzuk, megborsozzuk és a szerecsendióval fűszerezzük. A fokhagymát finomra aprítjuk, a vajjal összekeverjük és egy kb. 20x20 centis tűzálló tálat jól bedörzsölünk vele. A tejes-tojásos, fűszeres burgonyát beleöntjük, a maradék sajttal megszórjuk és kemencébe toljuk. A közepesnél erősebb lánggal 55-60 percig sütjük. Ha a vége felé túlzottan pirulna, a tetejét alufóliával letakarjuk.

Elkészítési idő: 1 óra 15 perc
Egy adag: 1045 kJ/250 kcal

Fűszeres kukorica
szalonnaköpenyben
(rostély vagy grillsütő)

3 evőkanál olaj • 3 evőkanál apróra vágott friss zöldfűszer
(pl. metélőhagyma, petrezselyem, majoránna stb.) •
4 cső zsenge kukorica • 4 szelet húsos szalonna •
só • őrölt bors

Az olajat az apróra vágott zöldfűszerekkel összekeverjük, és a kukoricacsöveket alaposan megforgatjuk benne. Ezután egyenként a szalonnaszeletekbe tekerjük. A végét megtűzzük. Grillen vagy szabad tűzön rostélyon 7-10 percen át sütjük. Akkor jó, ha a szalonna ropogós, a kukorica pedig puha lesz.

Elkészítési idő: 20 perc
Egy cső: 1367 kJ/327 kcal

Fűszeres nyúl
(bogrács)

HOZZÁVALÓK
1 konyhakész nyúl • só • 1 vöröshagyma • 4 evőkanál olaj (lehetőleg olíva) • fél-fél mokkáskanálnyi rozmaring és kakukkfű • 2 babérlevél • 2 szál szárzeller • 5-6 gerezd dió • kb. 5 dl édes vörösbor • 1 csapott evőkanál liszt • 5 dkg kimagozott fekete olajbogyó

A nyulat 8 részre vágjuk és enyhén besózva állni hagyjuk. A hagymát megtisztítjuk, majd a bográcsban az olajon a hússal együtt megpirítjuk. Az összes fölaprított fűszert, a felszeletelt zellert meg a diót hozzáadjuk, egy kevés bort öntünk alá és lefödve, kis láng fölött puhára pároljuk. A levét a maradék borral elkevert liszttel sűrítjük, az olajbogyót is beleszórjuk. Körete rizs, puliszka vagy főtt tészta.

Elkészítési idő: 2 óra
Egy adag: 2141 kJ/512 kcal

Fűszeres sonkás cipó
(kemence)

HOZZÁVALÓK
1 dl tejföl • 1 dl tejszín • 2 dkg élesztő • 1 kiskanál só • 1 kiskanál cukor • csipetnyi sütőpor • 5 dkg reszelt sajt • 35 dkg finomliszt vagy kenyérliszt • 15 dkg főtt füstölt

*sonka vagy tarja • 1 csokor petrezselyem • fél kiskanál
őrölt kömény • fél kiskanál morzsolt majoránna
a tetejére: liszt*

A langyos tejfölt és a tejszínt 0,5 deci, ugyancsak langyos vízzel össze-keverjük, majd az élesztőt belemorzsoljuk. 10 percnyi állást követően a sót, a cukrot, a sütőport meg a reszelt sajtot is hozzáadjuk. Utána a liszttel 8-10 perc alatt hólyagosra dagasztjuk. A sonkát vagy tarját kis kockákra, a petrezselymet apróra vágjuk, és a fűszerekkel együtt beledolgozzuk. A tetejét belisztezzük, konyharuhával letakarjuk és langyos helyen 50 percig kelesztjük. Utána átgyúrjuk, cipóvá formázzuk, és belisztezett (még jobb, ha sütőpapírral bélelt) tepsire borítjuk. Újabb 40 percnyi kelesztés után vizes ecsettel átkenjük. Előmelegített kemencébe toljuk, és nagy lánggal 20 percig, majd a tüzet mérsékelve további 10-15 percig sütjük. Ha a teteje nagyon pirulna, alufóliával letakarjuk. Rácsra állítva hagyjuk kihűlni.

*Elkészítési idő: 1 óra 10 perc + 1 óra 30 perc kelesztés
Egy adag: 1347 kJ/323 kcal*

Fűszeres flekken roston
(rostély)

HOZZÁVALÓK

*8 szelet, egyenként kb. 10 dekás kicsontozott sertéstarja •
1 mokkáskanál fokhagymás só • 1 mokkáskanál
őrölt bors • 1 evőkanál csípős paprikakrém •
2 evőkanál mustár • 4 evőkanál olaj • 1 nagyobb
vöröshagyma • 10 szem borókabogyó*

A húst kissé kiverjük, és a szeletek szélét bevagdossuk, nehogy sütés közben összeugorjanak. A fokhagymás sót, a borsot, a paprikakrémet meg a mustárt az olajjal összekeverjük. Alaposan a hússzeletekbe dörzsöljük. A vöröshagymát megtisztítjuk, fölszeleteljük, a zúzott borókabogyóval összekeverjük, majd a húst ezzel egymásra rétegezve alufóliába csoma-

43

goljuk. Hűtőszekrényben egy éjszakán át pihentetjük. Utána közepesen erős parázs fölött, rostélyra fektetve mindkét oldalukat megsütjük. Savanyúságokkal meg puha kenyérrel kínáljuk.

Elkészítési idő: 30 perc + érlelés
Egy adag: 2404 kJ/575 kcal

Fűszeres oldalas
(rostély)

HOZZÁVALÓK

1 kg sertésoldalas • só
a mártáshoz: 4-5 dkg vaj • 1 kisebb lereszelt vöröshagyma •
1,5 dl ketchup • 2 dl bor • néhány csepp borecet •
2 kiskanál méz • 2 kiskanál mustár • 2 gerezd fokhagyma •
só • őrölt bors • (Worcester-mártás)

Az oldalast úgy daraboljuk fel, hogy minden szeletben egy csont legyen. Kuktafazék aljába 1,5 deci vizet töltünk, beletesszük a betétet, és ráfektetve az enyhén megsózott húsdarabokat, a kuktát lezárjuk. A jelzéstől számítva 15 percig hagyjuk a tűzön, majd a húst kiszedjük, és papírtörülközőre fektetve, szikkadni hagyjuk. Közben a vajon megpirítjuk a reszelt vöröshagymát, beletesszük a többi hozzávalót, és néhány percig forraljuk. Ezt a mártást tesszük egy kis tálkában a grill mellé, hogy a rostra fektetett húst kenegethessük vele. Ügyeljünk arra, nehogy a pecsenye túlságosan megpiruljon, mert a méz miatt könnyen odakap, ugyanakkor különlegesen zamatossá válik. Ha nincs mód rá, hogy kuktában megpuhítsuk a húst, akkor először kiolajozott alufóliában fektessük a rostra, hogy saját gőzében megpuhulhasson, majd a fóliából kibontva kenjük meg a mártással, úgy rillezzük. Így is finom, de hosszadalmasabb, és nem lesz annyira puha, mint a kuktában párolt.

Elkészítési idő: 1 óra 20 perc
Egy adag: 2299 kJ/550 kcal

Gesztenyés croissant
(kemence)

Hozzávalók (16 darabhoz)

a tésztához: 20 dkg vaj • 60 dkg liszt • 1 kiskanál só •
1 csomag sütőpor • 2 dkg élesztő • 5 dkg cukor •
1 kisebb tojás • 1,6 dl hideg tej • 1,6 dl hideg víz •
1 kiskanál citromlé
a töltelékhez: 25 dkg fagyasztott gesztenyemassza
a tetejére: porcukor

A vajat 8 deka liszttel összedolgozzuk, kb. 10x10 centis tömbbé gyúrjuk és fóliába csomagolva a hűtőszekrénybe tesszük. A maradék lisztből 1 evőkanálnyit a nyújtáshoz félreteszünk, a többit a sóval és a sütőporral elkeverjük. Az élesztőt belemorzsoljuk, a cukorral, a tojással, a tejjel, a vízzel és a citromlével könnyű tésztává gyúrjuk. Enyhén meglisztezett deszkán lóhere alakúra nyújtjuk. A vajas tömböt a közepére állítjuk, a tészta széleit ráhajtjuk, és az egészet konyharuhába burkolva, hű-tőszekrényben fél órán át pihentetjük. Ezután a hajtogatás következik. A tésztát belisztezett deszkán kb. 4 milliméter vastag, 50 centi hosszú, 20 centi széles lappá nyújtjuk. Gondolatban keresztben 6 egyenlő részre osztjuk. Az egyik oldalról egyhatod, a másik oldalról kéthatod részt ráhajtunk, így a tésztaszélek találkoznak. Utána a keskenyebb részt ismét behajtjuk, és a másik oldal tésztájával befedjük. Így végül egy hosszúkás tésztadarabot kapunk. Hűtőszekrényben 1 órán át pihentetjük, majd kinyújtjuk, az előbbi módon ismét összehajtjuk, és újabb 1 órán át pihentetjük. Közben a gesztenyemasszát átgyúrjuk, hogy könnyen formálható legyen. A tésztát enyhén meglisztezett deszkán kb. 4 milliméter vastag, 50 centi hosszú és 20 centi széles lappá nyújtjuk. Éles késsel egyenlő szárú háromszögekre vágjuk. A tésztából leeső széleket egymás mellé illesztjük, így ezek is kiadnak egy egész süteményt. A kis tésztákat kézzel (és nem nyújtófával!) hosszanti irányban kicsit meghúzkodjuk, megnyújtjuk. A csúccsal szembeni oldalra gesztenyét halmozunk. A tésztát feltekerjük, vigyázva, nehogy közben összenyomjuk. A kifliket egymástól kissé távol sütőlapra rakjuk. Folpackkal letakarva langyos helyen kb. 1,5 órán át kelesztjük.

Előmelegített kemencében, közepes lánggal 18 percig sütjük. Tálaláskor a tetejét porcukorral megszórjuk.

JÓ TANÁCS

Túróval, sajttal, dióval, mákkal is megtölthetjük.

Elkészítési idő: 1 óra 40 perc + 4 óra pihentetés
Egy adag: 1188 kJ/284 kcal

Gombapörkölt
(bogrács)

HOZZÁVALÓK (6 SZEMÉLYRE)
1,5 kg gomba (ez lehet csiperke, erdei, vargánya stb.,
akár vegyesen is) • só • 8 evőkanál olaj •
3 közepes vöröshagyma • 1 púpozott evőkanálnyi
pirospaprika • 1 csapott kiskanál őrölt bors •
fél mokkáskanál kakukkfű • esetleg 6 tojás

A gombát megtisztítjuk, fölszeleteljük, majd hideg vízben megmossuk, lecsöpögtetjük. Utána enyhén sós vízben 10 percig főzzük. Közben a bográcsban az olajat megforrósítjuk, majd a megtisztított, fölaprított hagymát megfuttatjuk benne. A pirospaprikával meg a borssal meghintjük, belekeverjük a kakukkfüvet is, majd ráöntjük a gombát. Nagy láng fölött addig főzzük, míg a leve teljesen elpárolog. Sózni pedig csak a végén szabad, mert nem szívja magába, könnyen elsózható. Aki szereti, felvert tojással is gazdagíthatja; de készülhet lecsósan is. Utóbbi esetben vagy a kész gombapörkölthöz keverünk hozzá jó 20 dekányi lecsót, vagy az elején a hagymás-paprikás pörköltalapba teszünk 2-2 kisebb, fölszeletelt paprikát meg paradicsomot.

Elkészítési idő: 1 óra
Egy adag: 1004 kJ/240 kcal

Gombás zsemle
(grillsütő)

HOZZÁVALÓK

4 hosszúkás zsemle • 5 dkg vaj • 1 kisebb vöröshagyma • 20 dkg gomba • 4 evőkanál tejszín • 8 dkg reszelt ementáli sajt • 1 tojássárgája • só

A zsemlék felső egynegyedét levágjuk, félretesszük, mert ez lesz a kalapjuk. A zsemlék nagyobbik felének a belsejét kikaparjuk (ez jó lesz morzsának). A zsemléket grillsütőben megpirítjuk, egy kevés vajjal megkenjük. A maradék vajon megfuttatjuk a lereszelt hagymát, majd hozzáadjuk a megtisztított, lereszelt gombát is. Kevergetve addig pirítjuk, amíg a leve elfő. A tejszínt rálocsoljuk, majd a tűzről levéve a sajtot meg a tojássárgáját is hozzáadjuk. Megsózzuk, esetleg megborsozzuk, a zsemlékbe töltjük, végül a grillsütőbe visszatolva a kalapjukkal együtt 4-5 percig sütjük.

Elkészítési idő: 35 perc
Egy adag: 1697 kJ/406 kcal

Gödöllői kappan nyárson
(nyárs)

HOZZÁVALÓK

2 kisebb, konyhakész kappan • só • őrölt bors • majoránna • reszelt szerecsendió • 1 dl olaj • 0,5 dl sör • 1-1 kiskanálnyi friss vagy fele annyi szárított bazsalikom meg zsályalevél

A szárnyast félbehasítjuk, kívül-belül megsózzuk. A belsejét megborsozzuk, majoránnával meg reszelt szerecsendióval fűszerezzük és letakarva hűtőszekrényben 2 órát pihentetjük. Az olajat a sörrel simára keverjük, a fölaprított zöldfűszereket hozzáadjuk, csipetnyit megsózzuk. Az érlelt kappant megolajozott nyársra húzzuk és faszénparázson, a fűszeres olajjal gyakorta kenegetve, pirosra, porhanyósra sütjük. Természetesen grillsütőben vagy rácsra fektetve kemencében is elkészíthetjük. A sült kappant földaraboljuk és szalmaburgonyával meg vajon párolt gyümölccsel tálaljuk.

Elkészítési idő: 1 óra 20 perc + érlelés
Egy adag: 2086 kJ/499 kcal

Grillezett fiatal kacsa
(kemence)

HOZZÁVALÓK

1 kb. 1,5 kg-os fiatal kacsa • só, bors, majoránna •
1-1 csokor petrezselyem és rozmaring • 3 evőkanál olaj

A kacsát megmossuk, szárazra töröljük. Ujjunkkal a nyakánál a bőr és a hús közé nyúlunk, majd ezeket végig elválasztjuk egymástól úgy, mintha a szárnyast töltéshez készítenénk elő. Kívül-belül (még a bőre alatt is) megsózzuk, megborsozzuk. A hasüregét majoránnával bedörzsöljük, a petrezselymet meg a rozmaringot beledugjuk, majd az egész kacsát olajjal megkenjük. Egy tálra rácsot állítunk, a kacsát ráfektetjük és letakarva a hűtőszekrényben egy éjszakán át pihentetjük. Másnap előmelegített kemencében, közepes lánggal kb. 1 óra 30 percig sütjük. Közben lecsöpögő zsírjával többször meglocsolva „fényezzük". Félidőben megfordítjuk. Még ropogósabb lesz, ha sütés közben sörbe mártott szalonnával is kenegetjük. Jó, ha a kacsát a sütés első felében fóliával letakarjuk, nehogy túl hamar piruljon. Vajon párolt gyümölcsökkel kínáljuk.

Elkészítési idő: 2 óra + pihentetés
Egy adag: 1660 kJ/397 kcal

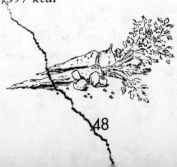

G

Grillezett mézes sertésoldalas
(kemence és grillsütő)

HOZZÁVALÓK

*1,5 kg sertésoldalas • só, őrölt bors • 1 vöröshagyma •
2-3 babérlevél • 2 ág friss vagy 1 mokkáskanál szárított
kakukkfű • 1,25 dl méz • 3 evőkanál vörösborecet*

A sertésoldalast 4 részre vágjuk, és egy akkora tűzálló tálba rakjuk, amibe éppen belefér, majd megsózzuk, megborsozzuk. A vöröshagymát megtisztítjuk, karikákra vágjuk, és a babérlevéllel meg a kakukkfűvel együtt a húsra szórjuk. 2,5 deci vizet aláöntünk, majd kemencében, közepes lánggal, kb. 30 perc alatt elősütjük. Utána az oldalast lecsöpögtetve deszkára fektetjük, és darabonként 3-4 részre vágjuk. A mézet az ecettel összekeverjük. A húst egyenként beleforgatjuk, majd a grillsütő rácsára fektetjük. Az ecetes mézzel szorgalmasan kenegetve, többször megforgatva a grillsütőben ropogós-pirosra sütjük. Tálaláskor friss salátát kínálunk hozzá.

JÓ TANÁCS

Akinek nincs grillsütője, a félig sült oldalast egy másik tepsibe áttéve, és a kemencébe visszatolva is elkészítheti. A sütés közbeni kenegetésről azonban egyik esetben sem szabad megfeledkezni.

Elkészítési idő: 1 óra 30 perc
Egy adag: 2550 kJ/610 kcal

Grillezett polenta pestoval
(grillsütő vagy rostély)

HOZZÁVALÓK

*1 liter víz • 1 mokkáskanál só • 25 dkg kukoricadara •
6 dkg vaj • 6 evőkanál olaj • 1 csokor friss bazsalikom •
2-3 evőkanál fenyőmag (lehet mogyoró is) •*

49

(G)

2-3 gerezd fokhagyma • 4 evőkanál apróra reszelt parmezán sajt • só

A vizet a sóval fölforraljuk. A darát beleszórjuk. Kevergetve, kis lángon 6-8 percig főzzük. Egy közepes tepsit kivajazunk, a többi vajat a kukoricához adjuk. A masszát kétujjnyi vastagon a tepsibe simítjuk, kb. 2 óra alatt hűlni hagyjuk, ezalatt megszilárdul. Utána háromszögekre vágjuk, a fele olajjal megkenjük és közepesen forró grillsütőben vagy rostélyon, közepesen erős parázs fölött, kb. 8 percig sütjük. A pestoval leöntve kínáljuk. Utóbbi úgy készül, hogy a bazsalikomot a fenyőmaggal meg a megtisztított fokhagymával, merülőmixerrel fölaprítjuk. A maradék olajat meg a sajtot belekeverjük, kissé megsózzuk.

Elkészítési idő: 40 perc + hűtés
Egy adag: 2492 kJ/596 kcal

Grillezett szűzpecsenye
(rostély)

HOZZÁVALÓK

2 szűzpecsenye • 1 vöröshagyma • 1 gerezd fokhagyma •
1 evőkanál olaj • 2 dl ketchup • 1 dl ecet • 1 dl méz •
2 evőkanál szójamártás • 1 mokkáskanál őrölt gyömbér •
só • őrölt bors

Mindkét szűzpecsenyét hosszában kettéhasítjuk. A hagymát meg a fokhagymát finomra aprítjuk, az olajba szórjuk. Az összes többi ízesítőt és fűszert ezután keverjük bele, ha van, néhány csepp Tabasco mártással is ízesítjük, majd 10 percig pihentetjük. Utána a húst megkenjük vele, rostélyra fektetjük és faszénparázs fölött kb. 30 perc alatt megsütjük. Ha kemencében készül, akkor közepes lánggal kb. 20 perc a sütési idő, de mindkét esetben szorgalmasan kell kenegetni a fűszeres páccal.

Elkészítési idő: 50 perc
Egy adag: 2354 kJ/563 kcal

G

Grill gordon bleu
(rostély)

4 szelet, egyenként kb. 15 dkg-os, ujjnyi vastag csontos borjúborda • 4-4 szelet füstölt sonka és lapka sajt • 1 kiskanál friss rozmaring • 1 mokkáskanál só • 3-4 evőkanál olívaolaj

A borjúbordák húsos oldalát hegyes éles kiskéssel lapjában bevágjuk, és a szeletek közepét kimélyítjük. Mindegyikbe egy-egy szelet füstölt sonkát meg sajtot dugunk, majd fogvájóval rögzítjük. A rozmaringot durvára vágjuk, a sóval együtt az olajba keverjük, a hússzeleteket megkenjük vele. Rostélyra rakjuk, majd közepesen erős parázs fölött oldalanként 4-4 percig sütjük. A fogvájót eltávolítjuk belőle.

Elkészítési idő: 30 perc
Egy adag: 1693 kJ/405 kcal

Gyümölcsös csirkenyárs
(grillsütő)

2 csirkemell • só • 4 evőkanál olaj • 4 őszibarack • 4 közepes alma • 8 karika konzerv ananász

A csirkemelleket lebőrözzük, kicsontozzuk, és kb. 3 centi vastag érméket vágunk belőle. Besózzuk, és egy kevés olajon hirtelen mindkét felén 1-2 percig elősütjük. A barackot meg az almát meghámozzuk, kimagaljuk és negyedekbe vágjuk, az ananászkarikákat félbevágjuk. A húsdarabokat a gyümölccsel váltogatva nyársra húzzuk úgy, hogy a végére őszibarack kerüljön. Előmelegített grillsütőbe tesszük, és kb. 10 percig sütjük.

Elkészítési idő: 40 perc
Egy adag: 1129 kJ/270 kcal

51

Hamuban sült burgonya
(parázs)

HOZZÁVALÓK

8 közepes burgonya

A burgonyát alaposan megmossuk, letörölgetjük és hamuba rakjuk, majd parazsat kaparunk fölé. Természetesen alufóliába csomagolva is a parázsba rakhatjuk. A parázs forróságától meg a burgonya nagyságától függően 35-50 perc alatt kész. Hogy jó-e, a beleszúrt húsvillával vagy tűvel ellenőrizhetjük.

Elkészítési idő: kb. 1 óra
Egy adag: 1154 kJ/276 kcal

Hamuban sült ponty
(parázs)

HOZZÁVALÓK

8, ujjnyi vastag, patkó alakú pontyszelet • só •
2 kisebb citrom • 3-4 evőkanál olaj

A halszeleteket megsózzuk, citromlével bedörzsöljük és megolajozott alufóliába csomagoljuk. Hamvadó, de még forró parázsba „ágyazva" 15-20 percig sütjük.

Elkészítési idő: 35 perc
Egy adag: 1547 kJ/370 kcal

Hátszínnyárs
(nyárs)

HOZZÁVALÓK

60 dkg hátszín (lehet bélszín is) • 3 evőkanál olaj •
1 kiskanál mustár • 1-1 cső piros-, zöld- és sárga színű
paprika • 24 konzerv gombafej • fél mokkáskanál
őrölt bors • só

A lehártyázott - lehetőség szerint előre bepácolt - húst 3 centis kockákra vágjuk. Az olajat meg a mustárt összevágjuk, a húst beleforgatjuk. A paprikát kicsumázzuk, a csöveket a bélszínhez hasonló nagyságú kockákra vágjuk. A gombát lecsöpögtetjük. Az alapanyagokat - a gombával kezdve és befejezve - váltakozva nyársra húzzuk. Megsózzuk, megborsozzuk. Közepesen izzó parázs fölött, gyakorta forgatva, jó 15 perc alatt megsütjük.

Elkészítési idő: 35 perc
Egy adag: 1915 kJ/458 kcal

Házi krumplis kenyér
(kemence)

HOZZÁVALÓK

40 dkg burgonya • 3 kiskanál só • 4 dkg élesztő •
2 kiskanál cukor • 2 dl langyos tej •
35 dkg finomliszt • 35 dkg rétesliszt • 1 kiskanál
őrölt kömény • 10 dkg margarin
a tetejére: liszt

A burgonyát jól megmossuk és héjában enyhén sós vízben megfőzzük. Leszűrjük, még melegen meghámozzuk, majd áttörjük vagy lereszeljük, és hűlni hagyjuk. Az élesztőt a cukorral 0,5 deci langyos tejben felfuttatjuk. Utána a kétféle liszttel, a tört burgonyával, két kiskanál sóval, az őrölt köménnyel, a maradék tejjel meg kb. 1,5 deci langyos vízzel mintegy 10 percig dagasztjuk. Közben a megolvasztott margarint is beledolgozzuk. Cipóvá formáljuk, a tetejét liszttel meghintjük, és konyharuhával letakarva 1 órán át kelesztjük. Ezt követően átgyúrjuk, majd egy tálat konyharuhával kibélelünk, belisztezzük, és a tésztát beletesszük. Újabb 30 percig kelesztjük. Utána belisztezett tepsire borítjuk, a tetejét vizes ecsettel megkenjük, majd újabb félórányi kelesztést követően ugyanezt megismételjük. A tetejét egy-két helyen bevágjuk, és előmelegített kemencébe toljuk. Nagy lánggal megsütjük. (A kemencébe egy kis vízzel teli tálkát is állítunk, így a keletkező gőzben sül a kenyér.) 20 percnyi sütés után a tüzet közepesre mérsékeljük, és még 30 percet sütjük. Ha hirtelen pirulna, alufóliával letakarjuk. Amikor megsült, még forrón vízzel megkenegetjük, hogy szép fénye legyen, és rácsra állítva hűlni hagyjuk.

Elkészítési idő: 2 óra + 2 óra kelesztés
Egy adag: 1210 kJ/290 kcal

Házias nyárs
(nyárs)

HOZZÁVALÓK

40 dkg főtt-füstölt tarja • 20 dkg házi kolbász •
4 közepes cső piros húsú paprika •
8 közepes vöröshagyma • só • 2-3 evőkanál olaj

A tarját ujjnyi vastagon fölszeleteljük, majd nagyobb kockákra vágjuk. A kolbászt 4-5 centi hosszúságúra daraboljuk. A paprikát kicsumázzuk, és a tarjához hasonló nagyságúra fölkockázzuk. 4 vöröshagymát elfelezünk, a többit cikkekre vágjuk. A nyársra először fele hagyma, majd tarja, hagymacikk, kolbász és paprika kerül. A rétegezést addig folytatjuk, amíg van miből. Megsózzuk, és nagy lánggal égő faszénparázs fölött gyakorta megforgatva 15-20 perc alatt színesre sütjük. Közben, nehogy kiszáradjon, olajjal kenegetjük.

Elkészítési idő: 35 perc
Egy adag: 1756 kJ/420 kcal

Húsos kenyérlepény
(kemence)

HOZZÁVALÓK (8 SZELETHEZ)

*50 dkg csont nélküli marhahátszín • só •
1 mokkáskanál őrölt bors • 2 kiskanál mustár
a lepényhez: 3 dkg élesztő • 1 kiskanál só • kb. 50 dkg
finomliszt vagy kenyérliszt • 6 evőkanál olaj
a sütéshez és a kenéshez: 2 evőkanál olaj
a tetejére: 2 evőkanál szezámmag*

A húst ujjnyi vastag szeletekre vágjuk. Sóval, borssal bedörzsöljük, és mustárral leheletnyi vékonyan bekenjük. A szeletek mindkét oldalát nagy lángon hirtelen átsütjük. A húson ezáltal kéreg keletkezik, így sütés közben nem folyik ki a leve, belül pedig még nyers marad, a kenyértészta sem ázik el. Az élesztőt 3 deci langyos vízbe morzsoljuk, megsózzuk, majd annyi liszttel dagasztjuk be, hogy az olajat is beledolgozva közepes keménységű tésztát kapjunk. Végül cipóvá formáljuk, a tetejét olajjal megkenjük, és konyharuhával letakarva langyos helyen 40 perc alatt duplájára kelesztjük. Utána finoman átgyúrjuk és négy részre osztjuk. Egyenként kb. 24 centi átmérőjű kerek lappá nyújtjuk. Két tésztát a hússzeletekkel beborítunk, majd a másik két lappal letakarjuk. A tésztaszéleket kissé összenyomkodjuk, nehogy sütés közben szétnyíljanak. Az így megtöltött kenyérlepényeket még 30 percet kelesztjük. Ezt követően a tetejüket olajjal megkenjük, szezámmaggal meghintjük és forró kemencében kb. 25 percig sütjük. Úgy szeleteljük, mint a tortát.

Elkészítési idő: 1 óra 30 perc + kelesztés
Egy adag: 2150 kJ/514 kcal

Húsvéti kalács
(kemence)

HOZZÁVALÓK

2,6 dl tej • 8 dkg cukor • 2 dkg élesztő •
8 dkg margarin • 20 dkg finomliszt •
15 dkg rétesliszt • fél kiskanál só •
késhegynyi őrölt fahéj • 1 narancs héja •
6 dkg mazsola
a nyújtáshoz: liszt
a tepsi kikenéséhez: margarin • liszt
a tetejére: 1 tojás

A tejet meglangyosítjuk, 1 decit kiveszünk belőle, a cukorral ízesítjük és az élesztőt belemorzsoljuk. A margarint fölolvasztjuk. A kétféle lisztet a maradék tejjel meg a fölfuttatott élesztővel megsózva összedolgozzuk. A tésztát őrölt fahéjjal fűszerezzük, a narancs reszelt héjával ízesítjük, és az olvasztott margarint apránként hozzáadva hólyagosra dagasztjuk, közben a mazsolát is belegyúrjuk. Konyharuhával letakarjuk, langyos helyen körülbelül 50 perc alatt a duplájára kelesztjük, majd három egyenlő részre osztjuk. Enyhén meglisztezett deszkán rudakká sodorjuk-nyújtjuk, és hármas copffonással koszorú alakúra formázzuk. Egy tepsit margarinnal kikenünk, liszttel meghintjük, és a kalácsot rátesszük Felvert tojással lekenjük, 35 percig kelesztjük, majd ismét lekenjük. Elő melegített kemencében, nagy lánggal 10 percig, utána közepes lánggal 20-22 percig sütjük. A sütőből kivéve vizes ecsettel megkenjük, így szép fényes lesz. Végül rácsra téve hűlni hagyjuk.

JÓ TANÁCS

Még finomabb, ha mindhárom rudat megtöltjük (dióval mákkal) ezután összefonjuk és így sütjük.

Elkészítési idő: 50 perc + kelesztés
Egy adag: 2641 kJ/633 kcal

Indiai sült hal
(rostély vagy grillsütő)

HOZZÁVALÓK

*4 nagy szelet hal (a legjobb hozzá a tengeri hal,
de busából, pontyból is készülhet)
a páchoz: 1,5 dl joghurt • 4 nagy gerezd zúzott
fokhagyma • 1 mokkáskanál ételízesítő por •
2 evőkanál őrölt koriander • 2 evőkanál apróra
vágott kapor (mélyhűtött is lehet)
az alufólia kenéséhez: olaj*

A páchoz valókat összekeverjük és a halszeleteket beleforgatjuk. Legalább 2 óráig, de még jobb, ha egy éjszakán át állni hagyjuk, hogy a fűszerek íze jól átjárja. Legjobb faszénparázs felett roston megsütve, de grillsütőben is elkészíthetjük. Ehhez a halszeleteket megolajozott alufóliára fektetjük, és grillsütőben 8-10 perc alatt mindkét oldalukat megsütjük. Könnyebben bánhatunk a hallal, ha a szeletek tetejére is megolajozott alufólialapot fektetünk, és így fordítjuk meg. Párolt rizs illik hozzá. Indiában sült paprikával tálalják, amit sütőben megpirítanak, majd a héját lehúzzák, a húsát pedig zúzott fokhagymával meg durvára tört korianderrel fűszerezik.

*Elkészítési idő: 15 perc + pácolás
Egy adag: 828 kJ/198 kcal*

Ízes bukta
(kemence)

HOZZÁVALÓK (12-15 DB-HOZ)

*kb. 2 dl tej • 2,5 dkg élesztő • 50 dkg liszt •
5 dkg porcukor • 2 tojássárgája •
1 csapott mokkáskanál só • 7 dkg margarin •
1 citrom reszelt héja • 20 dkg barackíz
a tetejére és a töltéshez: liszt*

A tejet meglangyosítjuk, az élesztőt belemorzsoljuk és 1 evőkanál lisztet meg ugyanannyi cukrot hozzáadva kovászt készítünk, amit kb. 15 perc alatt fölfuttatunk. A többi lisztet átszitáljuk, azután a kovásszal, a tojások sárgájával, az olvasztott margarinnal, a sóval és a citromhéjjal ízesítve jól bedagasztjuk. A tetejét egy kevés liszttel meghintjük és konyharuhával letakarva langyos helyen a duplájára kelesztjük. Utána finoman átgyúrjuk, újabb 20-25 percet kelesztjük, majd enyhén belisztezett deszkára borítjuk. A tésztát kisujjnyi vastag lappá nyújtjuk és éles késsel hétcentis négyzetekre szabjuk. Mindegyik közepére egy-egy kiskanálnyi lekvárt púpozunk, azután föltekerjük és tepsibe sorakoztatjuk. Kelni hagyjuk, majd előmelegített kemencébe tolva, közepes lánggal kb. 30 perc alatt megsütjük.

Elkészítési idő: 1 óra 20 perc + kelesztés
Egy adag: 1192kJ/285 kcal

Júliusi csirkefalatok
(nyárs)

HOZZÁVALÓK

60-70 dkg csirkemellfilé • 4 közepes, piros húsú paprika •
10 dkg császárszalonna • 12 vastag uborkakarika • só •
őrölt fehér bors • 2-3 evőkanál olaj

A húst kb. 4 centis kis érmékre vágjuk. A paprikát kicsumázzuk, a csirkéhez hasonló kockákra daraboljuk. A szalonnát 0,5 centi vastagon fölszeleteljük, az előzőekhez hasonló nagyságúra aprítjuk. Az uborkával kezdve és befejezve a hozzávalókat nyársra húzzuk. Megsózzuk, megborsozzuk, olajjal meglocsoljuk, végül forgatva, hamvadó parázs fölött kb. 15 perc alatt színesre sütjük.

Elkészítési idő: 35 perc
Egy adag: 1969 kJ/471 kcal

Kapros bárányragu tepsis burgonyával
(bogrács és kemence)

kb. 1,2 kg báránycomb • húsleveshez való zöldség és fűszerek • 1 fej vöröshagyma • 3 fej saláta • 4-5 evőkanál olaj • 1 nagy csokor kapor • szódabikarbóna • 4 tojássárgája • 1 evőkanál liszt • 2 citrom leve • őrölt fehér bors

a tepsis burgonyához: 1,5 kg burgonya • só • őrölt bors • origano • 1 fej vöröshagyma • 1 fej fokhagyma • 2-3 evőkanál citromlé • 1 dl olaj

A combot kicsontozzuk és a csontokból a húsleveshez hasonlóan bezöldségelve, megfűszerezve „alaplevet" főzünk. Közben a húst – aminek 80 dekának kell lennie – kb. 4 centis (ha ennél kisebb, szétfő és szétesik) kockákra vágjuk. A megtisztított hagymát lereszeljük és bográcsban, az olajon megfuttatjuk, a fölaprított kaprot is beledobjuk. Jól elkeverjük, a húst hozzáadjuk és kevergetve addig pirítjuk, amíg körös-körül kifehéredik. Ekkor annyi leszűrt alaplével öntjük föl, amennyi éppen ellepi és lefödve, kis láng fölött kb. 1 óra alatt puhára pároljuk. Közben a salátát leveleire tépkedjük, megmossuk, majd metéltre vágjuk és szódabikarbónás vízzel leforrázzuk. Lecsöpögtetjük, a puha húshoz keverjük. A tojássárgáját a liszttel meg egy kevés vízzel simára dolgozzuk, a citromok levével ízesítjük és a bárányhoz adjuk. 1-2 percig forraljuk, ezalatt a leve kissé besűrűsödik, végül utánasózzuk, fehér borssal fűszerezzük. Tepsis burgonyával kínáljuk. Az utóbbihoz a burgonyát megtisztítjuk és hosszában - hasonlóan a mi paprikáskrumplinkhoz - nagyobb darabokra vágjuk, megsózzuk, megfűszerezzük. A cikkekre darabolt vöröshagymát meg a zúzott fokhagymát hozzáadjuk, a citromlével ízesítjük, az olajjal meglocsoljuk és tepsibe (cserépedénybe) terítjük. Annyi vizet öntünk rá, amennyi a feléig ér, végül kemencében, közepes lánggal kb. 1 óra alatt megpuhítjuk, zsírjára sütjük.

Elkészítési idő: 1 óra 30 perc
Egy adag: 4582 kJ/1096 kcal

Kapros-túrós lepény
(kemence)

HOZZÁVALÓK

10 dkg margarin • 4 dkg cukor • 4 tojás • 15 dkg liszt
a töltelékhez: 25 dkg tehéntúró • 2 dkg margarin •
3 tojás • 10 dkg cukor • 2 dl tejföl • 3 dkg búzadara •
1 csokor kapor
a tepsi kikenéséhez: vaj • liszt

A tésztához a puha margarint a cukorral meg a tojások sárgájával habosra keverjük. A tojások fehérjét kemény habbá verjük, lazán a margarinos masszába forgatjuk, majd fakanállal a lisztet is belekeverjük. Egy kis tepsit vagy tűzálló tálat kikenünk, meglisztezzük és a tésztát belesimítjuk. Előmelegített kemencében, közepes lánggal kb. 10 perc alatt elősütjük. Közben elkészítjük a tölteléket. A túrót áttörjük. A margarint a tojások sárgájával meg a cukorral habosra keverjük. A tejfölt, a túrót meg a búzadarát hozzáadjuk, finomra vágott kaporral fűszerezzük és jól összekeverjük. A tojásfehérjét kemény habbá verjük, a túrómasszába forgatjuk, majd az elősütött tésztára kenjük. A kemencébe visszatolva kb. 25 percig sütjük.

Elkészítési idő: 1 óra
Egy adag: 3545 kJ/848 kcal

Karamellás epernyárs
(grillsütő)

HOZZÁVALÓK

16 szép, nagy szem eper • 4 kemény őszibarack
vagy nektarin, de lehet 1 kisebb sárgadinnye vagy
konzerv ananász is • 2 evőkanál cukor
az öntethez: 30 dkg eper • 2-3 evőkanál méz

A gyümölcsöket megmossuk. Az epret lecsumázzuk, a szemeket kettéhasítjuk. A barackot meghámozzuk, elnegyedelve kimagozzuk, majd a cikkeket félbevágjuk. 8 kihegyezett hurkapálcát vagy nyársat megvajazunk és a gyümölcsöt felváltva ráhúzzuk. A maradék vajat felolvasztjuk, a gyümölcsnyársakat megkenjük vele, majd a cukorral megszórjuk. Előmelegített grillsütőben addig pirítjuk, amíg a cukor karamellizálódni kezd. Közben az öntethez a kicsumázott epret a mézzel turmixoljuk, átszűrjük és 4 tányéron elosztjuk. Tálaláskor mindegyikre 2-2 forró nyársat fektetünk.

Elkészítési idő: 25 perc
Egy adag: 1363 kJ/326 kcal

Káposztaleves módosan
(bogrács)

HOZZÁVALÓK

40 dkg sertéscomb • 1 közepes vöröshagyma •
2 gerezd fokhagyma • 3 evőkanál olaj • 1 evőkanál
pirospaprika • só, őrölt bors • 40 dkg savanyú káposzta •
10 dkg sovány sonka • 1 pár virsli • 1 dl tejföl

A combot egycentis kockákra vágjuk. A hagymát megtisztítjuk, fölaprítjuk és a zúzott fokhagymával meg a hússal együtt bográcsban, az olajon kevergetve megpirítjuk. Pirospaprikával megszórjuk, megsózzuk, megborsozzuk, egy kevés vizet öntünk alá és lefödve, kis láng fölött kb. 30 percig pároljuk. A savanyú káposztát néhány vágással összedaraboljuk, hogy a szálak ne legyenek túl hosszúak és ha savanyúnak találjuk, kissé ki is mossuk. Utána a félpuha húshoz keverjük, bő 1 liter vízzel föl-

öntjük. Nagy lángon felforraljuk, majd továbbra is lefödve, kis lángon addig főzzük, amíg a káposzta meg a hús is megpuhul. A sonkát vékony csíkokra, a virslit karikákra vágjuk és a levest ezekkel gazdagítva további 3-4 percig főzzük. Végül a levéből egy keveset kimerünk, a tejföllel simára dolgozzuk és visszaöntve éppencsak fölforraljuk. Ez a fogás akkor jó, ha kissé savanykás ízű, de nem túl zsíros.

JÓ TANÁCS

Idényben 1-1 apró kockákra vágott paradicsommal meg paprikával is gazdagíthatjuk.

Elkészítési idő: 1 óra 30 perc
Egy adag: kJ/ kcal

Kemencében sült
őzfilé erdei gombákkal
(kemence és bogrács)

HOZZÁVALÓK

1 kg őzgerinc • egy-egy mokkáskanál kakukkfű, boróka, egész fekete bors és rozmaring • 1 babérlevél • 6 evőkanál olaj • 60 dkg erdei gomba (őzláb, vargánya, szegfű - lehet vegyesen is) • 1 kisebb cikk vöröshagyma • só • őrölt bors • 1 kiskanál liszt • 2 tojás • fél csomag (20 dkg) fagyasztott vajastészta
a mártáshoz: 3 evőkanál olaj • 30 dkg vegyes leveszöldség • 1 púpozott evőkanál paradicsompüré • 1 kiskanál liszt • 1-1 mokkáskanál kakukkfű és rozmaring • csipetnyi őrölt bors • 2 dl vörösbor • 4 dkg vaj
a hús sütéséhez: 4-5 evőkanál olaj

Az őzgerincet kicsontozzuk. A húsról a hártyát lefejtjük. Utána a karajt meg a szűzpecsenyét a porrá őrölt fűszerek keverékével bedörzsöljük, majd a fele olajjal megkent alufóliába csomagoljuk. 2-3 órán át hűtőszekrényben így érleljük. Közben az erdei gombát megtisztítjuk, szárát apróra vágjuk, a fejeket pedig félretesszük. A hagymát – miután héját lehúztuk – finomra aprítjuk, majd a maradék olajon megfuttatjuk. A gombaforgácsot – aminek kb. 30 dekának kell lennie – beleszórjuk, zsírjára sütjük. Kissé megsózzuk, megborsozzuk, a liszttel meghintjük. Rövid ideig pirítjuk, majd a fölvert tojásokat – miután egy keveset kivettünk belőle – ráöntjük, kocsonyásodásig sütjük, végül hűlni hagyjuk. A vörösboros gombamártást is elkészítjük. Ehhez az őzcsontokat földaraboljuk, bográcsban az olajon kevergetve megpirítjuk, majd a megtisztított, kockákra vágott zöldséggel tovább sütjük. A paradicsompürét belekeverjük, a liszttel meghintjük. Tovább pirítjuk, bő 6 deci vízzel fölöntjük és 30-40 percen át nagyon kis láng fölött főzzük. Utána a borral ízesítjük, 10 percig főzzük, majd leszűrjük. Akkor jó, ha a mártáshoz hasonlóan sűrű állagú. A gombafejeket kockákra vágjuk, a vajon megpirítjuk, és a boros mártást rászűrjük. A húst kissé megsózzuk, forró olajban körös-körül hirtelen megpirítjuk, hűlni hagyjuk, és a tojásos gombapéppel egyenletesen megkenjük. A vajastésztát szobahőmérsékleten fölengedjük, 2 centi széles szalagokra vágjuk, és a gombás őzhúsra csavarjuk. Tepsibe rakjuk, a félretett tojással megkenjük. Előmelegített kemencében, nagy lánggal kb. 25 percig sütjük. Tálaláskor fölszeleteljük, a boros gombamártással körülöntjük.

Elkészítési idő: 1 óra 50 perc + érlelés
Egy adag: 3984 kJ/953 kcal

Kemencés fácán
(kemence)

HOZZÁVALÓK

2 konyhakész fácán • 1-1 kiskanálnyi só és majoránna •
1 mokkáskanál őrölt bors • 25 dkg füstölt szalonna •
6-8 gerezd fokhagyma

A konyhakész fácánt megmossuk, a nedvességet leitatjuk róla, majd só, majoránna meg őrölt bors keverékével alaposan bedörzsöljük. Az ehe-

63

tő belsőségeit – ha vannak ilyenek – a hús üregébe rakjuk. A mellét meg a combjait több helyen beirdaljuk és füstölt szalonna szeletekkel, valamint fokhagymagerezdekkel megtűzdeljük. Ha a szalonnából marad, azt vékony szeletekre vágva ugyancsak ráborítjuk. Utána a szárnyast fóliába csavarjuk és közepesen forró kemencében kb. 40 perc alatt megpuhítjuk. Ezután a kemencéből kivesszük, kicsomagoljuk és néhány szelet friss szalonnát borítunk rá ismét. Fedetlenül a kemencébe visszatoljuk és további 15-20 percig sütjük.

Elkészítési idő: 1 óra 30 perc
Egy adag: 2070 kJ/495 kcal

Köpönyeges burgonya
(rostély)

HOZZÁVALÓK
> *8 közepes szem burgonya • 8 vékony szelet húsos szalonna (sliced bacon)*

A burgonyát megtisztítjuk, és fogvájóval sűrűn megszurkáljuk. Utána szalonnaszeletekkel beborítjuk, majd alufóliába csomagoljuk. Rostélyra rakosgatjuk, végül közepesen izzó parázs fölött, többször megforgatva kb. 30 perc alatt megsütjük.

Elkészítési idő: 40 perc
Egy adag: 1497 kJ/358 kcal

Körömgulyás
(bogrács)

HOZZÁVALÓK
> *20 dkg szárazbab • 1 kg sertésköröm • 1 nagyobb fej vöröshagyma • 2 evőkanál olaj • 1 kiskanál pirospaprika • só • 2 szál sárgarépa • 1 szál petrezselyemgyökér •*

64

fél fej karalábé • 1 tojás • 1 evőkanál liszt •
1 csokor petrezselyem • köménymag

A babot beáztatjuk. A sertéskörmöt jól megtisztítjuk és kétcentis darabokra vágjuk. A vöröshagymát lehéjazzuk, fölaprítjuk, majd bográcsban az olajon megfuttatjuk. Pirospaprikával megszórjuk, a körmöt belekeverjük, majd 2 liter vízzel fölöntjük és fölforraljuk. A beáztatott babot beleszórjuk és kis láng fölött félig megfőzzük. Ekkor megsózzuk, a megtisztított, kockákra vágott zöldséget is hozzáadjuk, és addig hagyjuk a tűzön, amíg minden megpuhul. A tojásból meg a lisztből 1-2 evőkanál vízzel galuskatésztát keverünk, amit a gulyásba szaggatunk. Tálaláskor az ételt apróra vágott petrezselyemmel és köménymaggal szórjuk meg.

Elkészítési idő: 2 óra + áztatás
Egy adag: 2692 kJ/644 kcal

Kötözött báránycomb
(kemence)

HOZZÁVALÓK (8 SZEMÉLYRE)
1 báránycomb (kb. 2,5 kg) • 3-4 csokor petrezselyem •
3-4 gerezd fokhagyma • 2 kiskanál őrölt bors •
2 kiskanál őrölt rozmaring (a friss még jobb) •
2-3 kiskanál só • 2 evőkanál olaj •
a körethez: 16-20 közepes burgonya • 2 fej vöröshayma •
20 dkg sajt • 3 dl tejföl • só, őrölt bors •
a tál kikenéséhez: diónyi vaj

A báránycombot megmossuk, a nedvességet leitatjuk róla, majd vágódeszkára úgy fektetjük, hogy a belső oldala essen fölfelé. A hús kicsontozását a medencecsont eltávolításával kezdjük. Azaz a medencecsontot és a combcsontot összekötő forgónál a hártyát bevágjuk, így a medencecsontot a húsból kifordíthatjuk. Utána apró vágásokkal szorosan a csont mellett haladunk egészen addig, amíg a medencecsont szabaddá válik, s a húsból teljesen kifejtjük. A csontozást úgy folytatjuk, hogy a szabaddá vált forgótól lefelé, közvetlenül a csont mellett végig a húsba vágunk egészen a combcsontot meg a csülköt összekötő forgóig. Utána erről a csontról körben a húst addig faragjuk, amíg a combból teljesen kibújik. Ekkor a combcsont felső végét bal kezünkkel megfogjuk, és magunk felé húzva a forgó alatt a csonthártyát körülvágjuk (akinek van bárdja, azzal csapjon a forgóra, így könnyebb vele bánni). Az alsó csontról a csülköt, illetve lábszárat ugyanúgy fejtjük le. A petrezselymet finomra aprítjuk, a fokhagymát présen áttörjük. Utána 1-1 kiskanál borssal, rozmaringgal meg sóval összekeverjük, majd (a csont helyére) a báránycombba dörzsöljük. A húst visszahajtva a combot úgy kötözzük meg, ahogyan a sonkát szokás. A maradék borsot, rozmaringot és sót az olajjal összekeverjük, majd a húst körös-körül megkenjük vele. Kis tepsibe fektetjük és kemencében, közepes lánggal, mintegy 1,5-2 óra alatt félig megsütjük. A körethez a burgonyát megtisztítjuk és 3 milliméter vastag karikákra vágjuk. A héjáról megfosztott vöröshagymát félbehasítjuk, majd vékonyan fölszeleteljük. A sajtot belereszeljük és a burgonyával, a hagymával meg a tejföllel összekeverjük. Megsózzuk, megborsozzuk, majd az egészet egyenletesen egy kivajazott tűzálló tálba töltjük. Alufóliával letakarjuk és a hús mellé, a kemencébe toljuk. Közel 1,5 órát sütjük, így a hússal együtt készül el. Tálalás előtt a húst 5-10 percig pihentetjük majd fölszeleteljük. A sajtos-sültburgonyával meg paradicsomsalátával kínáljuk.

Elkészítési idő: 4 óra, de ebből csak kb. 50 perc a munka
Egy adag: 3420 kJ/818 kcal

Kövön sütött csirkemellszeletkék
(kőgrill)

HOZZÁVALÓK (SZEMÉLYENKÉNT)
fél csirkemell • só, grillfűszer (vagy fűszersó és majoránna) • 1 evőkanál olaj (a kőre) • szójamártás (vagy fokhagymás olaj)

66

A csirkemellet megmossuk, lebőrözzük, kicsontozzuk. (Ez jó lesz levesnek.) Felszeleteljük, kiverjük, megsózzuk, befűszerezzük és felhasználásig a hűtőszekrényben tartjuk. A követ megforrósítjuk. Ecsettel vékonyan beolajozzuk és a hússzeleteket ráfektetjük. A tetejüket szójamártással vagy fokhagymás olajjal megkenjük, majd mindkét oldalukat 3-3 percig sütjük. A hús mellett zöldség- vagy gyümölcsszeleteket is süthetünk. (Csirkemell helyett vehetünk pulykamellet is, de az utóbbit ajánlatos néhány órára tejbe áztatni. A sózás, fűszerezés után mustáros kefirben is pácolhatjuk, de sütés előtt le kell csöpögtetni.) Ecetes hagymás krumplival vagy babsalátával kínáljuk, de finom hozzá a majonézes kukoricasaláta is.

Elkészítési idő: 35 perc
Egy adag: 1213 kJ/290 kcal

Krinolinkoszorú
(rostély)

HOZZÁVALÓK (SZEMÉLYENKÉNT)
5 dkg húsos füstölt szalonna • 5 dkg edami sajt •
1 nagy, hosszú krinolin • olaj

A szalonnát meg a sajtot vékony szeletekre vágjuk. A hosszú krinolinszál egyik oldalát sűrűn bevagdossuk úgy, hogy a másik oldalán egyben maradjon. A vágatokba felváltva szalonna- és sajtszeletet tolunk, a krinolin két végét összekötjük, hogy koszorút formázzon. Beolajozzuk, és rostélyra fektetve megsütjük.

Elkészítési idő: 35 perc
Egy adag: 2233 kJ/534 kcal

Labancpecsenye
(kemence)

4, egyenként kb. 15 dkg-os sertéstarja szelet • só • 1 púpozott evőkanál mustár • fél mokkáskanál őrölt bors • 4 nagy szelet sonka • 4 nagy szelet sajt • 1 mokkáskanál pirospaprika • kb. 3 evőkanál liszt • 4 evőkanál olaj

A húst kissé kiverjük, az inait bevagdossuk – nehogy a pecsenye sütés közben összeugorjon –, megsózzuk, a mustárral megkenjük, a borssal meghintjük. A szeletek egyik oldalára 1-1 sonkát és sajtot fektetünk, majd a másik felét ráhajtjuk és fogvájóval rögzítjük. Utána paprikás lisztbe forgatjuk és olajjal kikent tepsibe rakjuk. Forró kemencében úgy 15 perc alatt ropogós pirosra sütjük. Friss saláták illenek köretnek hozzá.

Elkészítési idő: 25 perc
Egy adag: 2412kJ/577 kcal

Lebbencsleves
(bogrács)

5 dkg füstölt szalonna • 1 kisebb vöröshagyma • 1 csapott kiskanál pirospaprika • jó fél maréknyi száraztészta (lebbencstészta) • 4 közepes burgonya • 1 púpozott kiskanál só • fél csokor petrezselyem

A füstölt szalonnát apró kockákra vágjuk és bográcsban kicsit kiolvasztjuk. A hagymát megtisztítjuk, lereszeljük és a szalonnán megfonnyasztjuk. A pirospaprikával meghintjük, majd bő 1 liter vízzel fölöntjük. A megtisztított, nagyobb kockákra vágott burgonyát belerakjuk, megsózzuk, közepes láng fölött 10-15 percig, azaz félpuhulásig főzzük. Utána a száraztésztát beletördeljük, a fölaprított petrezselyemmel meghintjük, és további 10 perc alatt készre főzzük. Szokás a lebbencstésztát előtte kemencében vagy bográcsban egy kevés olajon megpirítani. Készíthetjük úgy is, hogy 1-1 fölszeletelt paprikát és paradicsomot is belerakunk.

Elkészítési idő: 40 perc
Egy adag: 920 kJ/220 kcal

Lecsó
(bogrács)

HOZZÁVALÓK

40 dkg paradicsom • 1 kg húsos zöldpaprika •
1 nagy vöröshagyma • 4 evőkanál olaj •
2 kiskanál pirospaprika • 1 kiskanál só
kiegészítésül: virsli, lecsókolbász, krinolin vagy tojás

A paradicsomokat megmossuk, zöld részüket kis késsel kivágjuk, a tetejüket behasítjuk. Utána óvatosan lobogva forró vízbe engedjük, majd a tűzről azonnal lehúzzuk, és fél percig állni hagyjuk. Ezt követően leszűrjük, héjukat lehúzzuk, a húsukat kis kockákra vágjuk. A paprikákat kicsumázzuk, majd felkarikázzuk (de lehet hosszában csíkokra is vagy nagyobb kockákra is vágni). A megtisztított hagymát finomra aprítjuk. A hagymát bográcsban, az olajon kevergetve aranysárgára pirítjuk. Kissé félrehúzva a pirospaprikát belekeverjük. A paradicsomot azonnal rádobjuk, nehogy a pirospaprika megégjen. Enyhén megsózzuk, és kis láng fölött kb. 10 percig pároljuk. Ha a paradicsom nem elég lédús, egy kevés vizet öntünk alá. Akkor jó, ha a paradicsom és a hagyma teljesen szétfő, szinte sűrű mártássá válik. A zöldpaprikát is hozzáadjuk, újból megsózzuk, majd kis láng fölött kb. negyedóra alatt puhára pároljuk. Közben néhányszor megkeverjük (és az esetlegesen elfövő levét egy kis vízzel pótoljuk). Mielőtt a paprika teljesen megpuhulna, karikákra vágott vagy egészben hagyott virslit, lecsókolbászt vagy krinolint is főzhetünk bele. A lecsókészítés másik módja szerb eredetű. Ehhez a hagymát vékony karikákra vágjuk, nagy lángon az olajon megfuttatjuk, pi-

(M)

rospaprikával megszórjuk. Először a zöldpaprika kerül bele. Kevergetve, só és fedő nélkül félpuhára sütjük-pároljuk. A hámozott, cikkekre vagy karikákra vágott paradicsomot ezután adjuk hozzá. Megsózzuk, és nagy láng fölött addig főzzük, amíg zsírjára nem sül. Ezt a fajta lecsót tojással szokás gazdagítani: a külön tálban elhabart tojásokat ráöntjük, és kevergetve addig sütjük, amíg megkocsonyásodik.

JÓ TANÁCSOK

Készülhet úgy is, hogy a paprikát és a paradicsomot egyszerre dobjuk a pirított hagymára, és együtt pároljuk meg. Akinek a súlya és a koleszterinszintje megengedi, apró kockákra vágott szalonnát is kiolvaszthat, és ennek zsírjában piríthatja meg a hagymát.

Ne használjunk a hozzávalókban megadott mennyiségnél több paradicsomot, mert a lecsónk savanykás ízű lesz.

A paradicsom héját forrázás nélkül is lehúzhatjuk, ha mikrohullámú készülékbe rakjuk. 750 wattal 1 perc alatt egy kicsit megtöpped (megráncosodik) és héja könnyedén lejön.

A télire való lecsót az első változat szerint szokás eltenni.

Elkészítési idő: 35 perc
Egy adag: 1310 kJ/313 kcal

Magyaros kemencés csirke
(kemence)

HOZZÁVALÓK

1, kb. 1,2 kg-os konyhakész csirke • 1 mokkáskanálnyi grill fűszerkeverék • só • 80 dkg burgonya • 5 dkg vaj • 2-2 zöldpaprika és paradicsom

A megmosott csirkét leszárogatjuk, majd 8 részre vágjuk és grill fűszerkeverékkel meg sóval behintjük. A burgonyát meghámozzuk, fölkarikázzuk és egy kivajazott tűzálló tálba terítjük. A csirkét rárakjuk, a felszeletelt zöldpaprikát és paradicsomot ráfektetjük és a maradék vajat a

70

tetejére morzsoljuk. Éppen csak bemelegített kemencében kezdjük sütni, majd növelve a hőfokot, kb. 40 perc alatt pirosra sütjük.

Elkészítési idő: 1 óra 10 perc
Egy adag: 2099 kJ/502 kcal

Malacgulyás
(bogrács)

HOZZÁVALÓK

10 dkg malacszalonna • 1 szép vöröshagyma •
1 kiskanál pirospaprika • 1 kg kicsontozott malachús •
2 közepes sárgarépa • fél csokor petrezselyem •
kis darabka karalábé • só • 80 dkg burgonya

A malacszalonnát kis kockákra vágjuk és bográcsban, 1-2 evőkanál vizet aláöntve kis láng fölött kiolvasztjuk. A megtisztított, lereszelt vöröshagymát megfonnyasztjuk rajta, a pirospaprikával meghintjük. Utána jó másfél liter vízzel fölöntjük. A közepes kockákra vágott malachúst és zöldségeket hozzáadjuk, kis láng fölött főzzük, közben megsózzuk. Amikor félig puha, hozzáadjuk a nagyobb kockákra vágott burgonyát is. Kis láng fölött készre főzzük. A malachús zsenge ízét a túlzottan erős fűszerezés tompítja, ettől függetlenül, aki szereti, a levest őrölt köménymaggal, zúzott fokhagymával és darált cseresznyepaprikával is ízesítheti.

Elkészítési idő: 1 óra 40 perc
Egy adag: 3595 kJ/860 kcal

Máglyarakás
(kemence)

HOZZÁVALÓK

5 szikkadt zsemle (kifli, kalács) • 5 dl tej • 3 tojás •
10 dkg margarin • 20 dkg cukor • 4 közepes alma •

*1 csapott mokkáskanál őrölt fahéj • 15 dkg barackíz
a tepsi kikenéséhez: margarin • zsemlemorzsa*

A zsemlét egy centi vastagon fölszeleteljük, a tejet fölforraljuk. A tojások sárgáját 8 deka margarinnal meg a fele cukorral habosra keverjük és a forró tejjel együtt a zsemlére öntjük. Az almát megmossuk, félbehasítjuk, majd magházát kimetsszük. Húsát vékonyan fölszeleteljük és a maradék margarinon, fahéjjal megszórjuk, megpároljuk. Egy kis tepsit kivajazunk, zsemlemorzsával megszórjuk. Az áztatott zsemle felét belesimítjuk, az almát egyenletesen ráhalmozzuk, majd a maradék zsemlével beborítjuk. A barackízt egy kevés vízzel simára keverjük és háromnegyedével a zsemlét megkenjük. Kemencében, közepes lánggal kb. 30 percig sütjük. Ezalatt a tojásfehérjét a maradék cukorral meg a baracklekvárral kemény habbá verjük. A tojáshabot a sült tésztára simítjuk, végül a kemencébe visszatolva kb. 10 percig tovább sütjük.

*Elkészítési idő: 1 óra 15 perc
Egy adag: 3512 kJ/840 kcal*

Májszeletek nyárson
(nyárs)

HOZZÁVALÓK

*70 dkg sertésmáj • 15 dkg kolozsvári szalonna •
20 gyöngyhagyma vagy 4 közepes vöröshagyma •
2 piros alma • 1 mokkáskanál őrölt bors •
3 evőkanál olaj • só*

A májat ujjnyi vastagon fölszeleteljük, majd nagyobb kockákra vágjuk A szalonnát ugyanekkora kockákra, csak vékonyabbra daraboljuk fö$ A hagymát megtisztítjuk, ha vöröshagymából készül, akkor azt cikkek re aprítjuk. Az almát félbehasítjuk, majd miután a magházukat kimet szettük – ujjnyi vastagon felszeleteljük. A nyársra először a hagymát majd a szalonnát, a májat meg az almát húzzuk fel. Így folytatjuk a ré tegezést, amíg a hozzávalókból tart, de a másik végére is hagyma kerül jön. Megborsozzuk, olajjal meglocsoljuk és közepes lánggal égő tűz fölött, többször megforgatva kb. 15 perc alatt megsütjük. Tálalás előtt megsózzuk.

Elkészítési idő: 40 perc
Egy adag: 2550 kJ/610 kcal

Márványsajtos csirkemell
(kemence)

HOZZÁVALÓK

60 dkg csirkemellfilé • só • 1 mokkáskanál őrölt fehér bors • 5 dkg vaj • 15 dkg márványsajt • fél csokor petrezselyem • 2 dl fehérbor

A húst vékony kis érmékre vágjuk, megsózzuk, megborsozzuk. Egy közepes tepsit kivajazunk, a húst félig egymásra fektetve sorban ráfektetjük. A márványsajtot rámorzsoljuk, a fölaprított petrezselyemmel meghintjük. A bort ráöntjük, alufóliával letakarjuk, és közepesen forró kemencében kb. 40 percig sütjük. Az utolsó 10 percre a fóliát lemeljük róla. Párolt rizs illik köretnek hozzá.

Elkészítési idő: 1 óra 5 perc
Egy adag: 1769 kJ/423 kcal

Mustárban pácolt csirkemell
(grillsütő vagy rostély)

HOZZÁVALÓK

60 dkg csirkemellfilé • 3-3 evőkanál dijoni mustár, magos mustár és csemege mustár • 3 evőkanál fehérborecet • 4 evőkanál olívaolaj • 5 evőkanál 100%-os almalé • fél citrom leve • 1 dundi újhagyma • őrölt bors

A csirkemellfilét 8 szeletre vágjuk. A háromféle mustárt az ecettel, az olajjal meg az almalével összekeverjük, majd belefacsarjuk a citrom levét is. Az újhagymát megtisztítjuk, karikákra vágjuk, az előzőekhez adjuk, megborsozzuk. A húsokat beleforgatjuk, és így pácoljuk egy éjjelen át. Közepesen forró grillsütőben, lecsöpögtetve, oldalanként 6-6 percig sütjük. Tálaláskor a megmaradt páclével meglocsoljuk.

JÓ TANÁCS

Rostélyra fektetve, közepesen erős parázs fölött is megsüthetjük.

Elkészítési idő: 30 perc + pácolás
Egy adag: 1288 kJ/308 kcal

Mustáros őzpörkölt
(bogrács)

HOZZÁVALÓK

1,2 kg őzcomb vagy lapocka • só, 1 kiskanál ecet •
5 evőkanál olaj • 1 nagyobb vöröshagyma •
2 gerezd fokhagyma • 1 evőkanál pirospaprika •
késhegynyi őrölt bors • fél mokkáskanál csípős paprika •
1 zöldpaprika • néhány szem köménymag •
1 mokkáskanál paradicsompüré • 1-1,5 dl tejföl •
1 evőkanál mustár

A húst 3 centis darabokra vágjuk, bográcsba szórjuk. Annyi vizet öntünk rá, hogy bőven ellepje, megsózzuk, az ecettel ízesítjük és a húst a forrástól számított fél óráig főzzük benne. Utána leszűrjük, hideg vízzel leöblítjük. A bográcsot kimossuk, majd beletöltjük az olajat. A hagymát megtisztítjuk, fölaprítjuk, az olajon megfuttatjuk, majd a zúzott fokhagymát is belekeverjük. A pirospaprikával meghintjük, a húst beleforgatjuk. Annyi vizet öntünk rá, hogy jól ellepje. Megborsozzuk, a csípős paprikával ízesítjük és a fölaprított zöldpaprikát is beleszórjuk. A köménnyel meg a paradicsompürével fűszerezzük, megsózzuk, majd lefödve kis láng fölött megpuhítjuk; de elfövő levét nem pótoljuk. Amikor kész, a tejföllel meg a mustárral gazdagítjuk. Főtt burgonya illik hozzá.

Elkészítési idő: 1 óra 40 perc
Egy adag: 3315 kJ/793 kcal

Nyárson sült csirke
(nyárs)

HOZZÁVALÓK

2 konyhakész csirke (kb. 2 kg) • só • 1 kiskanál majoránna •
15 dkg füstölt szalonna • 1 mokkáskanál borsikafű •
1 mokkáskanál fokhagymás só • 8 evőkanál olaj

A csirkét kívül-belül megsózzuk, a hasüregét majoránnával bedörzsöljük. A szalonnából vékony csíkokat vágunk, majd a szárnyas szárny és combtöveit megtűzdeljük vele. A csirkéket a hasüregükön kersztül nyársra húzzuk. A lábakat és a szárnyakat szorosan a csirkéhez kötözzük. Kis lángon égő faszénparázs (lehetőleg akácfa) fölött, forgatva kb. 1,5 óra alatt megsütjük. Közben gyakran kenegetjük a borsikafűvel meg a vöröshagymás sóval összekevert olajjal.

Elkészítési idő: 2 óra
Egy adag: 3127 kJ/748 kcal

Nyárson sült húskockák padlizsánnal
(nyárs)

HOZZÁVALÓK

60 dkg sertéscomb • só • 2 közepes padlizsán •
10 dkg füstölt szalonna • 1 mokkáskanál őrölt bors •
fél mokkáskanál korianderzöld vagy mentalevél •
fél csokor petrezselyem • 4 közepes vöröshagyma •
4 evőkanál olaj

A combot jó 2 centis kockákra vágjuk, megsózzuk, és lapos nyársakra húzzuk. A padlizsánok kocsányát levágjuk. Utána a törökparadicsomokat hosszanti irányban nem túl mélyen bevágjuk majd keresztben félbehasítjuk. Az így kapott 4 fél padlizsán nyílásaiba vékony füstölt szalonna szeleteket rakunk. Megsózzuk, megborsozzuk, fölaprított korianderzölddel meg petrezselyemmel megszórjuk. Utána a zöldségdarabokat keresztben két nyársra húzzuk. A két végére megtisztított vöröshagyma kerül. Sütés előtt a hús meg a zöldségnyársat olajjal megkenjük. Közepesen forró parázs fölött folytonosan forgatva kb. 20 perc alatt megsütjük. (A padlizsánt először bevágott oldalaival lefelé fordítva kezdjük sütni).

Elkészítési idő: 40 perc
Egy adag: 2508 kJ/600 kcal

Nyárson sült pisztráng
(nyárs)

HOZZÁVALÓK
4, egyenként kb. 25 dkg-os konyhakész pisztráng • só •
őrölt bors • pirospaprika • 20-25 dkg füstölt szalonna

Ehhez az ételhez személyenként két nyárs kell. A halat megmossuk, leszárogatjuk, majd a száján keresztül kétszer-háromszor megcsavarva, a gerincszálkákat átszúrva a nyársat annyira toljuk föl, hogy egészen a farok részéig hatoljon. Vigyázzunk, nehogy a bőre átszakadjon. A szalonnát elnegyedeljük, ugyancsak nyársra húzzuk. Sóból, borsból, pirospaprikából keveréket készítünk, és a halat bedörzsöljük vele. Egyik kezünkben a szalonnás nyársat közvetlenül a parázs fölött tartjuk, s olvadó zsírjával folyamatosan kenegetjük a pisztrángokat. Amikor teljesen körbezsíroztuk, csak akkor vigyük a parázs fölé és folyamatosan forgatva kb. 15 percig sütjük, a szalonnával közben is kenegetjük.

Elkészítési idő: 40 perc
Egy adag: 2299 kJ/550 kcal

Nyárson sült tonhal
(rostély)

HOZZÁVALÓK

70 dkg mélyhűtött tengeri hal • 10 dkg húsos füstölt szalonna • 2-3 kemény paradicsom • 3 evőkanál olaj • só • őrölt bors • egy kevés babérlevél • fél citrom leve

A tonhalat hagyjuk felolvadni és szeletekre bontva, kétujjnyi széles darabokra vágjuk. Megsózzuk, citromlével bedörzsöljük, és legalább 1 órán át állni hagyjuk. Ezután egyenként összegöngyöljük, és vékony füstöltszalonnaszeletekkel meg négyrét vágott paradicsomdarabokkal, felváltva nyársra húzzuk. Az olajat a fűszerekkel összekeverjük, és sütés közben a rostélyra fektetett nyársat ezzel kenegetjük, időnként megforgatjuk.

Elkészítési idő: 40 perc + pihentetés
Egy adag: 2003 kJ/479 kcal

Nyúl aprópecsenye zöldpaprikával
(bogrács)

HOZZÁVALÓK

1 konyhakész házinyúl (kb. 1,5 kg) • só • 5-6 evőkanál olaj • 1 kiskanál rozmaring • 4 gerezd fokhagyma • őrölt bors • 2 dl húsleves (kockából is készülhet) • 3 babérlevél • 5 húsos, zöld színű paprika a tálaláshoz: néhány friss rozmaringlevél

A nyulat kisebb darabokra vágjuk, közben nagyobb csontjait kivesszük, amit erőleveshez a későbbiekben még használhatunk. A húst megsózzuk, és bográcsban az olajon körös-körül fehéredésig sütjük. A tűzről lehúzva apróra vágott rozmaringgal meghintjük, zúzott fokhagymával fűszerezzük és megborsozzuk. A húslevessel fölöntjük, a babérlevelet beledobjuk, és lefödve, közepesen erős tűz fölött kb. 30 perc alatt puhára

pároljuk. Végül zsírjára sütjük, és ha kell, utánaízesítjük. A húst szűrő-
lapáttal kiszedjük és melegen tartjuk. A paprikát kicsumázzuk, kockák-
ra vágjuk és a hús visszamaradt levében először kissé megpároljuk, majd
zsírjára sütjük. Közben megsózzuk, megborsozzuk. Tálaláskor a nyúl-
pecsenyét néhány friss rozmaringlevéllel meghintjük, és a sült paprika-
val kínáljuk.

Elkészítési idő: 1 óra 15 perc
Egy adag: 1706 kJ/408 kcal

Nyúlgerinc borókamártással
(kemence)

HOZZÁVALÓK

1,4 kg nyúlgerinc • 10 dkg füstölt szalonna •
1 kiskanál só • 2 kiskanál pirospaprika • 5 evőkanál olaj •
2 vöröshagyma • 2 dl tejföl • fél kiskanál cukor •
2 evőkanál paradicsompüré • 4 evőkanál ribiszkezselé •
20 szem borókabogyó • 2,5 dl csontleves (kockából is jó)

A nyúlgerinceket megtisztítjuk a hártyájától, majd a húst vékony csíkok-
ra vágott szalonnával megtűzdeljük. Sóval és pirospaprikával alaposan
bedörzsöljük, majd forró olajon körös-körül megpirítjuk a negyedekbe
vágott hagymával együtt. Előmelegített kemencébe toljuk és kb. 40 perc
alatt megsütjük. Amikor kész, a gerincet kiemeljük, melegen tartjuk.
Visszamaradt zsírját a tejföllel dúsítjuk, a cukorral, a paradicsompüré-
vel meg a ribiszkezselével ízesítjük, a borókával fűszerezzük, majd a
csontlevest is ráöntjük. Az egészet 15 percig főzzük, ezalatt a hagyma
teljesen megpuhul benne, majd átszűrjük, és a fölszeletelt nyúlgerincet
ezzel leöntve tálaljuk. Burgonyakrokett és párolt zöldségek illenek hoz-
zá, az elmaradhatatlan vörösbor kíséretében.

Elkészítési idő: 1 óra 25 perc
Egy adag: 3298 kJ/789 kcal

78

Olasz cukkinis szendvics
(grillsütő)

*2-3 közepes paradicsom • 4 kisebb cukkini •
12 dkg mozzarella sajt • só, őrölt bors • 1 gerezd
zúzott fokhagyma • 4 ágacska friss bazsalikom •
néhány levél friss origano • 4 szelet kenyér*

A paradicsom szárát kimetsszük, a szemeket félbehasítjuk, a magjait kikaparjuk és húsát kis kockákra vágjuk. A cukkinit megmossuk, majd 2-3 milliméter vastagon fölszeleteljük. A sajtot kis kockákra vágjuk, a paradicsommal meg a cukkinivel összekeverjük, majd megsózzuk, megborsozzuk. A zúzott fokhagymával, a fölaprított bazsalikommal meg az origanoval fűszerezzük. Ezt a keveréket a kenyérszeleteken egyenletesen elosztjuk, tepsire fektetjük és forró grillsütőbe tolva addig sütjük, míg a sajt kissé megolvad.

*Elkészítési idő: 25 perc
Egy adag: 1338 kJ/320 kcal*

Pacalpörkölt
(bogrács)

*1 kg megtisztított pacal • 3 nagyobb vöröshagyma •
1 babérlevél • néhány szem fekete bors • 1 citrom •
só • 10 dkg füstölt szalonna • 1 csapott evőkanál
pirospaprika • 1 mokkáskanál darált cseresznyepaprika •
1-1 kisebb paradicsom és paprika • 1 gerezd fokhagyma •
1-2 dl vörösbor*

A pacalt egy félbevágott hagymával, a babérlevéllel, a borssal, meg a félbevágott citrommal enyhén sós vízben fölforraljuk. Ekkor a tüzet a bogrács alatt mérsékeljük, vagyis fát veszünk ki alóla. A pacalt lefödjük és kb. 1,5 óra alatt puhára főzzük. Utána óvatosan tálcára emeljük, s ha kihűlt, kisujjnyi csíkokra metéljük. A szalonnát vékony csíkokra vágjuk, a bográcsban erős láng fölött kiolvasztjuk. A maradék hagymát megtisztítjuk, félbevágjuk, fölszeleteljük, a szalonnával tovább pirítjuk. Megsózzuk, a pirospaprikával meg a cseresznyepaprikával fűszerezzük, és az apróra vagdalt paprikát meg paradicsomot is hozzáadjuk. Zúzott fokhagymával ízesítjük, a vörösborral meg egy kevés vízzel fölöntjük, majd kb. 20 perc alatt jól összeforraljuk. Ekkor kerül bele a pacal, amivel újabb 20 percig főzzük, közben borral locsolgatjuk.

Elkészítési idő: 3 óra
Egy adag: 2688 kJ/643 kcal

Paksi halászlé
(bogrács)

HOZZÁVALÓK (10 SZEMÉLYRE)
3,5 kg ponty • 60 dkg vöröshagyma • kb. 2 evőkanál só • 4-5 evőkanál pirospaprika • 1 evőkanál cseresznyepaprika • 2-2 paradicsom és zöldpaprika (esetleg kész lecsó) • 50 dkg cérnametélt

A halat megtisztítjuk, felbontjuk, alaposan megmossuk. A hagymát megtisztítjuk, aprókra vágjuk és a földarabolt hallal együtt a bográcsba rakjuk. Akkor jó, ha alulra a fej és a farok kerül. Erre jön a törzse. Kb. 4,5 liter vizet ráöntünk úgy, hogy jól ellepje a halat. Megsózzuk, erős, lángoló tűz fölött forraljuk. Eleinte keletkező habját lekanalazzuk, a pirospaprikát csak ezután keverjük hozzá. Ugyancsak ekkor kerül bele a földarabolt paprika és paradicsom is, a cseresznyepaprikával tüzesítjük és továbbra is erős láng fölött, a bográcsot többször megrázva, kb. 30 percig főzzük. Van, ahol a pirospaprikának a felét teszik bele először, a másik felét csak közvetlenül, mielőtt elkészülne, akkor keverik hozzá. Így szebb színe lesz a levesnek. Ha van haltej és ikra, azok szintén a főzés végén kerülnek bele, mert nagyon hamar megfőnek. Tálaláskor, a külön kifőzött tésztát hozzáadjuk. Itt a leves a főétel, amit a tésztával szokás elfogyasztani, csak ezután kerül sorra a puha hal.

Elkészítési idő: 1 óra 20 perc
Egy adag: 2032kJ/486 kcal

Palócleves
(bogrács)

HOZZÁVALÓK

1 kg (kicsontozva kb. 50 dkg) birka- vagy báránylapocka, esetleg comb • 1 nagyobb vöröshagyma • 3 evőkanál olaj • 1 csapott evőkanál pirospaprika, só • fél mokkáskanál őrölt köménymag • 2 gerezd fokhagyma • 1 kiskanál cseresznyepaprika-krém • 1 babérlevél • 4 közepes burgonya • 30 dkg fagyasztott zöldbab • 2 dl tejföl • 1 kiskanál liszt • fél citrom leve •

Kevés helyen kapni konyhakész birkát vagy bárányt, így a csontozással kezdjük a munkát. Utána a lapockát megmossuk, a hártyáját meg az inas részeit lefejtjük, és a húst körülbelül 1,5 centis kockákra vágjuk. A megtisztított hagymát fölaprítjuk, és bográcsban az olajon kevergetve megfuttatjuk. A húst hozzáadjuk, fehéredésig sütjük, majd a pirospaprikával megszórjuk. Egy kevés vízzel azonnal fölöntjük, megsózzuk és az őrölt köménnyel, a zúzott fokhagymával, a paprikakrémmel meg a babérlevéllel fűszerezzük. Lefödve, kis láng fölött puhára pároljuk. Ha közben zsírjára sül, levét mindig csak egy kevés vízzel pótoljuk. Közben a burgonyát megtisztítjuk, s mintha gulyáslevest készítenénk, kockákra vágjuk és a zöldbabbal együtt a húshoz adjuk. Annyi (körülbelül 7 dl vizet) öntünk rá, amennyi levest szeretnénk, azután puhára főzzük. Amikor kész, utánafűszerezzük, és a tejföllel simára kevert liszttel sűrítjük, 1-2 percig forraljuk, a citrom levével kissé pikánsra ízesítjük.

Elkészítési idő: 2 óra 30 perc
Egy adag: 2736 kJ/654 kcal

Paprikás burgonya
(bogrács)

*15 dkg húsos császárszalonna • 2 közepes vöröshagyma •
2 gerezd fokhagyma • 1 mokkáskanál köménymag •
1 kiskanál pirospaprika • 1 evőkanál nem túl erős
paprikakrém (a fele csípős is lehet) • 1-1 paprika
és paradicsom • só • 1,5 kg burgonya*

A szalonnát vékony csíkokra, a megtisztított vöröshagymát finomra vágjuk. Bográcsban, erős tűz fölött a szalonnát kiolvasztjuk, majd zsírjában megfuttatjuk a hagymát. A zúzott fokhagymát meg a köménymagot belekeverjük, a pirospaprikával meghintjük, és egy kevés vizet öntünk rá. A paprikakrémet, a fölaprított paprikát meg paradicsomot hozzáadjuk, megsózzuk. A burgonyát megtisztítjuk, cikkekre vágjuk, a paprikás lébe szórjuk. Annyi vizet öntünk rá, hogy majdnem ellepje. Többször óvatosan megkeverjük, ha lehet lefödjük és kb. 35 perc alatt megpuhítjuk. Karikákra vágott kolbászt meg virslit is főzhetünk bele.

*Elkészítési idő: 1 óra
Egy adag: 2697 kJ/645 kcal*

Paprikás csirke
(bogrács)

*6 kisebb vagy 4 nagyobb csirkecomb • 1 csapott
evőkanál só • 2 fej vöröshagyma • 2 húsos zöldpaprika •
5 evőkanál olaj • 1 csapott evőkanál pirospaprika •
1 paradicsom • 1,5 dl csökkentett zsírtartalmú tejföl •
2 evőkanál liszt*

A húsról a bőrt lefejtjük, a combokat a forgónál kettévágjuk, és enyhén besózva félretesszük. A hagymát megtisztítjuk, a kicsumázott paprikával együtt finomra aprítjuk, majd bográcsban az olajon megfuttatjuk. A pirospaprikát rászórjuk, elkeverjük, és azonnal – nehogy megégjen – egy kevés vízzel fölengedjük. A cikkekre vágott paradicsomot hozzáadjuk, azután közepes láng fölött zsírjára sütjük. A húsdarabokat belerakjuk és mindkét oldalukat fehéredésig sütjük, sőt kissé meg is pirítjuk. Ezután annyi (kb. 3 deci) vízzel engedjük föl, hogy éppen ellepje. Megsózzuk, majd lefödjük, és kis láng fölött körülbelül 35 perc alatt vajpuhára pároljuk. Szűrőkanállal óvatosan tálra szedjük, levét a tejföllel simára kevert liszttel sűrítjük, és 2-3 percnyi forralás után átszűrjük, hogy bársonyosan sima legyen. Tálaláskor a csirkét a paprikás mártásba visszatesszük, megforrósítjuk, és galuskával tálaljuk.

JÓ TANÁCS

Paprikásnak egész csirkét is felhasználhatunk, de a háta meg a szárnya levesnek, a melle pedig sültnek jobb.

Elkészítési idő: 1 óra 10 perc
Egy adag: 1766 kJ/422 kcal

Paradicsomos juhpörkölt
(bogrács)

HOZZÁVALÓK

1,2 kg kicsontozott juhhús (legjobb a combja és a lapocka) • 10 dkg zsír vagy 6-8 evőkanál olaj • 2 közepes vöröshagyma • 4 érett paradicsom • 1 csapott evőkanál pirospaprika • 1-2 zöldpaprika • só

A húst nagyobb, kb. 3 centis kockákra vágjuk. Hideg vízben jól kimossuk, majd leszárogatjuk. A bográcsban a zsiradékot megforrósítjuk, majd a megtisztított, finomra vágott hagymát megfonnyasztjuk benne. Ekkor meghintjük a pirospaprikával, megkeverjük és azonnal ráöntünk 2-3 deci vizet, nehogy a paprika megkeseredjen. Ekkor belerakjuk a húsokat, a földarabolt paradicsomot és annyi vizet öntünk rá, hogy majdnem ellepje. Amikor fölforrt, a kétféle, fölszeletelt paprikát beleszórjuk, meg-

83

sózzuk, kis láng fölött, többször megkeverve, az sem árt, ha lefödve, jó puhára főzzük. Közben elpárolgó levét nem pótoljuk, de ahogyan sűrűsödik, egyre többször megkeverjük.

Elkészítési idő: 2 óra
Egy adag: 3700 kJ/885 kcal

Parázsban sült ponty
(parázs)

HOZZÁVALÓK

1 kg. ponty • só • 10-10 dkg füstölt szalonna
és csiperkegomba • 1 csokor petrezselyem • őrölt bors

A megtisztított halat sűrűn beirdaljuk, azaz 2-3 milliméterenként olyan mélyen bevagdaljuk, hogy hallani lehessen a szálkák roppanását, és a hasüregét megsózzuk. A vágatokat megtöltjük vékony csíkokra vágott füstölt szalonnával meg gombával, és a halat kívülről is megsózzuk. Meghintjük összevagdalt petrezselyemmel meg őrölt borssal, és alufóliába csomagolva, izzó parázsra fektetjük, a parázzsal be is takarjuk. A halat nagyságától függően 25-30 percig sütjük. Tehetünk a parázs közé alufóliába csomagolt héjas burgonyát is.

Elkészítési idő: 1 óra
Egy adag: 1965 kJ/470 kcal

Pácolt bárány roston
(rostély)

HOZZÁVALÓK

3-4 gerezd fokhagyma • 2 babérlevél • 1 mokkáskanál
szárított kakukkfű • 4 evőkanál szójamártás •
1 citrom reszelt héja • 1 dl olaj • 4 szelet, kb. 1,5 cm

*vastag báránycomb vagy -lapocka • 4 szelet, lehetőleg
gorgonzola sajt*

A lehéjazott fokhagymát péppé zúzzuk, a babérlevelet a kakukkfűvel
porrá törjük, és az egészet a szójamártásba keverjük. Reszelt citromhéjjal ízesítjük, s apránként az olajat is belecsurgatjuk. A hús inait bevagdossuk, nehogy sütés közben a pecsenye összeugorjon, majd 1 napra (de
az sem baj, ha hosszabb időre) a fűszeres olajban pácoljuk. Ezután levétől lecsöpögtetjük, és felhevített rostélyon közepes láng fölött megsütjük, közben a páclével kenegetjük. Tálaláskor 1-1 szelet sajtot fektetünk
a tetejére. Héjában sült burgonya, párolt zöldbab és paradicsomsaláta
illik hozzá köretnek.

*Elkészítési idő: 25 perc + pácolás
Egy dag: 2417 kJ/575 kcal*

Pácolt-grillezett újhagyma
(grillsütő)

HOZZÁVALÓK

*4 evőkanál olívaolaj • 4 evőkanál fehérborecet •
1 narancs • 1 evőkanál friss kakukkfű • őrölt fehér bors •
12 dundi újhagyma vagy 2 póréhagyma*

Az olajat a fehérborecettel meg a meghámozott, karikákra vágott naranccsal összekeverjük, a fölaprított kakukkfűvel és a borssal fűszerezzük. Az újhagymát megtisztítjuk, az előzőekbe forgatjuk és így pácoljuk
30 percig. Ha póréval készítjük, akkor azt tisztítás után, hosszában
arasznyi darabokra vágjuk. Lecsöpögtetve grillrácsra rakosgatjuk, majd
grillsütőben, közepesen erős tűzzel 10-15 percig sütjük.

*Elkészítési idő: 30 perc + pihentetés
Egy adag: 377 kJ/90 kcal*

Pácolt-grillezett tofu
(grillsütő)

HOZZÁVALÓK

60 dkg tofu • 2 evőkanál szezámolaj • 3 evőkanál tárkonyecet • 4 evőkanál szójamártás

A tofuról a nedvességet leitatjuk, majd ujjnyi vastag, féltenyérnyi darabokra vágjuk. Az olajat az ecettel meg a szójamártással összekeverjük, a tofura öntjük. Így pácoljuk 2-3 órán keresztül. Kissé lecsöpögtetve grillrácsra fektetjük, és közepesen forró grillsütőben 5 percig sütjük. Megfordítjuk, további 8 percig sütjük, amíg kissé megbarnul, enyhén ropogósra sül. Különféle ízes mártásokkal tálaljuk.

Elkészítési idő: 35 perc + érlelés
Egy adag: 1756 kJ/420 kcal

Pácolt hátszín faszénen sütve
(rostély)

HOZZÁVALÓK

2 vöröshagyma • 5 evőkanál olaj • 3 evőkanál vörösborecet • 2 evőkanál ketchup • 1 kiskanál Worchester mártás • 1 kiskanál csípős mustár • 1 kiskanál fokhagymás só • késhegynyi cukor • késhegynyi szurokfű • 4, egyenként 15 dkg-os érlelt hátszín

A hagymát megtisztítjuk, lereszeljük és az olajba keverjük. Az ecetet, a ketchupot, a worchestert meg a mustárt hozzáadjuk, végül a fokhagymás só, a cukor meg a morzsolt szurokfű is belekerül. A húst kissé ki-

verjük, inas szélét bevágjuk, majd a fűszeres pácba forgatjuk. Letakarjuk, hűtőszekrényben 1 napon át érleljük. Sütéskor lecsöpögtetjük, rostélyra rakjuk és forró parázs fölött oldalanként kb. 4-4 percig sütjük. Tálaláskor a páclevét is feltálaljuk hozzá, amivel a pecsenyéjét mindenki maga locsolja meg. A saláta, a puha kenyér meg a roston sült paradicsom mellett vörösbort is kínálunk hozzá.

Elkészítési idő: 20 perc + érlelés
Egy adag: 1810 kJ/433 kcal

Pácolt heck nyárson
(nyárs vagy kemence)

HOZZÁVALÓK

1 kg heck (fagyasztott is lehet) • só • tej •
4 gerezd fokhagyma • 4-4 paprika és paradicsom •
2 vöröshagyma • 1 evőkanálnyi magyaros fűszerkeverék
a nyárshoz: olaj
a tálaláshoz: darált cseresznyepaprika

A halat megtisztítjuk és 3-4 centis darabokra vágjuk. Utána enyhén megsózzuk, tálba rakjuk és annyi tejet öntünk rá, amennyi ellepi. Zúzott fokhagymával fűszerezzük és letakarva egy éjszakára hűtőszekrénybe állítjuk. A zöldségeket megtisztítjuk, egyforma, vastagabb cikkekre vágjuk és a lecsöpögtetett haldarabokkal váltakozva négy megolajozott nyársra húzzuk. A fűszerkeverékkel megszórjuk, majd faszénparázs fölött, gyakran megforgatva 10-15 perc alatt megsütjük. Készíthetjük grillsütőben, de hagyományos kemencében is. Utóbbinál a nyársakat tepsire fektetjük úgy, hogy mindkét végük a szélére támaszkodjon, de se a hal, se a zöldségek ne érjenek az aljához. Egyszer-kétszer megforgatva közepes lánggal megsütjük. Darált cseresznyepaprikával tálaljuk, de bármilyen erős mártás jó hozzá.

Elkészítési idő: 40 perc + pácolás
Egy adag: 1444 kJ/346 kcal

Pácolt nyúlgerinc
(kemence)

HOZZÁVALÓK

80 dkg nyúlgerinc • só • néhány ág kakukkfű •
késhegynyi rozmaring • 4 szem borókabogyó •
2 dl fehérbor • csipetnyi őrölt fehér bors •
4 evőkanál olaj • 5 dkg füstölt szalonna

A nyúlgerincet lehártyázzuk, kissé megsózzuk, kakukkfűvel, rozmaringgal meg szétnyomott borókával fűszerezett fehérboros páclébe rakjuk. Letakarva, hűtőszekrényben 10-12 órán át érleljük. Sütéskor a pácléből kiemeljük, a nedvességet leitatjuk róla. A fehér borssal meghintjük, az olajjal leöntve tepsibe rakjuk, a fölszeletelt szalonnát köré dobjuk és közepesen forró kemencében kb. 40 perc alatt megsütjük. Közben zsírjával szorgalmasan locsolgatjuk, páclevével kenegetjük. Párolt zöldségekkel kínáljuk.

Elkészítési idő: 1 óra + érlelés
Egy adag: 1735 kJ/415 kcal

Pácolt sertésfalatok
(nyárs)

HOZZÁVALÓK

50 dkg sertéscomb • 12 gyöngyhagyma (apró hagyma) •
12 koktélparadicsom • só, őrölt bors
a pácoláshoz: 1 dl almabor • 2 evőkanál olaj •
2 evőkanál szójamártás • 1 nagy csokor kapor •
1 ágacska friss vagy fél mokkáskanál szárított rozmaring •
1 gerezd fokhagyma

A sertéscombot 2-3 centis kockákra vágjuk. A páchoz a bort az olajjal meg a szójamártással összekeverjük. Finomra aprított kaporral és rozmaringgal fűszerezzük, a zúzott fokhagymával ízesítjük, azután a hús beleforgatjuk. Letakarjuk, és 3-4 órán át, de legjobb, ha egy egész éjszakán át érleljük. A hagymát megtisztítjuk, majd néhány perc alatt félpuhára főzzük, leszűrjük és meghámozzuk. Az érlelt húskockákat a gyöngyhagymákkal meg a paradicsomokkal váltakozva nyársra húzzuk. Enyhén megsózzuk, megborsozzuk, és faszénparázs fölött vagy sütőben kb. 20 percig sütjük, közben néhányszor megforgatjuk. Fűszeres tejfölt kínálunk hozzá, amihez a tejfölt mustárral, finomra vágott kaporral meg petrezselyemmel fűszerezzük, sózzuk, borsozzuk.

Elkészítési idő: 35 perc + pácolás
Egy adag: 1785 kJ/427 kcal

Pásztortarhonya
(bogrács)

HOZZÁVALÓK

5 dkg füstölt szalonna (ez el is maradhat) • 1 apró vöröshagyma • 3 evőkanál olaj • 25 dkg tarhonya • 1-1 kiskanál só és pirospaprika • 1 mokkáskanál őrölt bors • 3 közepes burgonya

A szalonnát apró kockákra vágjuk és bográcsban kisütjük. A hagymát megtisztítjuk, lereszeljük és a szalonnán megfonnyasztjuk. Ha zsírja kevés lenne, csak akkor adjuk hozzá az olajat. Utána beleszórjuk a tarhonyát, aranyszínűre pirítjuk, majd megsózzuk, megborsozzuk és a pirospaprikát is belekeverjük. Azonnal, mielőtt a paprika megéghetne, kb. 5 deci forrásban lévő vízzel fölöntjük. A kis kockákra vágott burgonyát beleszórjuk és lefödve, kis láng fölött puhára pároljuk. Készíthetjük úgy is, hogy amint fölforrt, lefödjük és 20-25 percre közepesen forró kemencébe toljuk.

Elkészítési idő: 40 perc
Egy adag: 1820 kJ/435 kcal

Pizza margherita
(kemence)

HOZZÁVALÓK (6 SZEMÉLYRE)

a tésztához: 3 dkg élesztő • 45 dkg finomliszt •
5 evőkanál olaj • 1 púpozott mokkáskanál só
a nyújtáshoz: 3-4 evőkanál liszt
a bekenéshez: 6-8 evőkanál olaj (lehetőleg olíva)
a tetejére: 60 dkg érett paradicsom • 8 szardellafilé
(a szardíniához hasonlóan konzervként kapható) •
30 dkg pizza mozzarella sajt (a lé nélküli fajta) •
8 bazsalikomlevél • só, őrölt bors • csipetnyi origano •
4 evőkanál frissen reszelt parmezán sajt

Az élesztőt kb. 1 deci langyos vízbe morzsoljuk, és 1 evőkanál finom-lisztet beleszórva fölfuttatjuk. Utána a többi liszttel, a fele olajjal meg kb. 2 deci vízzel, megsózva összegyúrjuk. Akkor jó, ha közepes kemény-ségű tésztát kapunk, amit még 6-8 percig intenzíven dagasztunk, egé-szen addig, amíg az edény falától elválik. Ezalatt apránként a maradék olajat is beledolgozzuk. Amikor kész, cipóvá formáljuk, a tetejét olajjal megkenjük, majd konyharuhával letakarjuk, és langyos helyen, kb. 40 perc alatt a duplájára kelesztjük. Többféle alakú pizzát süthetünk: na-gyot vagy kicsi kereket, vagy olyan téglalap alakút, amit majd fölszele-telünk. A hagyományos nagyhoz a tésztát három részre osztjuk, és eny-hén belisztezett deszkán egyenként kb. 3 milliméter vastag kerek lappá nyújtjuk. A minihez a megkelt tésztát rúddá sodorjuk, majd 18 részre vágjuk, és belisztezett deszkán egyenként ellapítjuk. Ha a pizzát szele-telni akarjuk, akkor a tésztát elfelezzük, egyenként téglalap alakúra nyújtjuk, és két kiolajozott tepsibe fektetjük. A kerek tésztakorongoka' szintén kiolajozott tepsire kell fektetni. A tészta sütése a formától füg-getlenül azonos: a tetejét olajjal megkenjük, villával megszurkáljuk, és előmelegített kemencében, nagy lánggal 7-8 perc alatt elősütjük, vagyi félig megsütjük. A paradicsomot – miután szárát kimetszettük – kockák-ra vágjuk. A szardellafilét lecsöpögtetjük, majd a nagyobb szálkákat ki véve belőle, villával összetörjük vagy fölaprítjuk. A mozzarellát véko nyan fölszeleteljük, a bazsalikomot finomra vágjuk. Az elősütött tésztá a paradicsommal megszórjuk, a szardellát ráhalmozzuk. Megsózzuk, megborsozzuk, a bazsalikommal meg az origanóval meghintjük, a mozzarellaszeleteket ráfektetjük, és a parmezán sajttal megszórjuk. Végül a kemencébe visszatoljuk, és változatlan lánggal 6-7 percig sütjük.

JÓ TANÁCSOK

Rostban és vitaminokban gazdagabb a pizzánk, ha a liszt felét Graham-liszttel helyettesítjük.

Az elősütött pizzát lefagyaszthatjuk – erre a célra legalkalmasabb a mélyhűtő fólia – és bármikor gyors vacsorát süthetünk belőle, ha a tetejére „varázsolunk" valami finomságot. Ez lehet brokkoli, kukorica, gomba, szalámi, sonka stb.

A pizzatészta ízét jellegzetessé, finomabbá teszi, ha valamilyen friss, fölaprított fűszernövényt, például bazsalikomot, kakukkfüvet, rozmaringot is dagasztunk bele.

Télen a paradicsom drága; ilyenkor készen kapható pizzamártást vagy ketchupot kenjünk a pizzára.

Elkészítési idő: 40 perc + kelesztés
Egy adag: 2872 kJ/687 kcal

Pontyhalászlé
(bogrács)

HOZZÁVALÓK (6-8 SZEMÉLYRE)

2, egyenként kb. 1 kg-os (lehetőleg) tükörponty • 1 púpozott evőkanál pirospaprika • 1 kiskanál darált cseresznyepaprikakrém • só • 1-2 szem burgonya • 6-7 közepes fej vöröshagyma

A halat egy tiszta deszkára vagy asztalra fektetjük úgy, hogy a farkát egy tiszta konyharuhával a bal kezünkbe fogjuk. A jobb kezünkben kissé ferdén tartott késsel (vagy speciális halkaparóval) a fej irányába haladva a pikkelyeit eltávolítjuk, vigyázva, nehogy a hal húsát megsértsük. Ezután a másik oldalát is lekaparjuk, majd hasával felénk fordítjuk. A törzsét leszorítjuk, éles, hegyes késsel a végbélnyílásnál beleszúrunk és a hasát egészen a fejig felhasítjuk. A felvágáskor arra kell ügyelni, hogy a késsel ne hatoljunk bele túl mélyen a hasüregbe, mert belevághatunk az epébe, ami a húst megkeseríti. A felvágott hasrészt kézzel kissé szétnyitjuk, és a fej tövénél a belső részek végződését átvágjuk (ujjunkkal elcsípjük), majd az egészet kiemeljük. Ebből a haltejet illetve az ikrát félrerakjuk, a többit kidobjuk. Utána a hal fejét lecsapjuk és a kopoltyúját, a szemeit meg a sárgás színű, ún. keserűfogát kivágjuk. Ez utóbbit azért kell eltávolítani, mert az alaplé keserű lesz tőle. Az így előkészített haltörzset és -fejet jól megmossuk, a munkaterületet letakarítjuk. A filézés következik: a kibontott, fejnélküli haltörzset vágódeszkára fektetjük úgy, hogy a háta felénk nézzen. Ezután a fejrésztől lefelé haladva a gerinccsont mellett a húst vékony késsel bevágjuk. Így közvetlenül a csont mellett haladunk egészen a farokig, ahol a húst teljesen levágjuk. Utána a bordacsontok mellett – de a csontok átvágása nélkül – a halhúst a csontokról lefejtjük. A hal másik oldalával is hasonlóan járunk el. A halfiléket bőrös oldalukkal lefelé deszkára fektetjük, majd éles késsel a faroknál a bőr és a hús közé vágunk. A bőr végét a bal kezünkkel megfogjuk, és a kést kissé lefelé szorítva a vastagabb része felé végigvágjuk. Akkor jó, ha a bőre teljes egészében lejön. A halhúst a pörkölthöz hasonlóan kockákra vágjuk, és a pirospaprikával, a cseresznyepaprika-krémmel meg 1 kiskanál sóval alaposan bedörzsöljük. Letakarva hűtőszekrénybe rakjuk. A burgonyát meg a hagymát megtisztítjuk. A burgonyát kockákra, a hagymát vékony karikákra vágjuk, és bográcsba, 2,5 liternyi vízbe szórjuk. A halcsontokat meg a halfejet belerakjuk, 1 evőkanálnyi sót adunk hozzá, majd fölforraljuk. Egy kis rést hagyva lefödjük, és 1,5 órát főzzük. Esetleg egy csokor petrezselymet, idényben 1-1 szem paradicsomot meg paprikát, paprikacsumát is adhatunk hozzá. Ezután a tűzről leemeljük leszűrjük, a hagymát meg a burgonyát a leszűrt lébe szitán áttörjük. A halcsontokról meg a fejről – ha egy kissé kihűltek – a húst lefejtjük és ugyancsak áttörjük. Az így kapott sűrű halalaplevet bográcsba töltve fölforraljuk, és a pácolt halkockát meg a belsőséget 5-6 percig főzzük benne. Ha a leves színét fakónak találnánk, pirospaprikát szórhatunk még bele. Ha kell, utánasózunk, végül darált cseresznyepaprikával „tü zesebbé" tehetjük.

JÓ TANÁCSOK

A halászlé készítése időigényes és sok vesződséggel jár, ezért az alapléből célszerű egyszerre nagyobb mennyiséget főzni, mert lefagyasztható.

Aki a hal tisztításától, bontásától idegenkedik, külön vásároljon tisztított halfilét csontot és fejet, esetleg belsőséget. Igaz, így a leves valamivel drágább, de a főzés lényegesen egyszerűbb.

Sokan esküsznek rá, hogy a halászlé többféle halból az igazi: az értékesebbeket a pontyhoz hasonlóan megtisztítjuk és a halhúst pácolva félrerakjuk. Az apró halakat, pl. a törpeharcsát a tisztítás után egyben a levesbe főzzük, majd áttörjük. A pikkelyes ponty egész testét sűrű pikkely fedi. Ezt a halat úgy tisztítjuk meg, hogy a farokrésznél éles késsel a pikkely és a bőre közé szúrunk. A kést, lapjával tartva, a fej irányában, élét néhányszor jobbra-balra fordítjuk, így a pikkely a bőrtől elválik. Ha a hal filézése nem sikerül tökéletesen, akkor sem kell bánkódni, mert a csontokon maradt halhús áttörve ugyan, de a levesbe kerül.

Van, ahol a levesbe kb. 10 dkg külön kifőzött száraztésztát is tálalnak, de a levesben is megfőzhető. Ez utóbbi esetben 1-2 perccel előbb tegyük bele, mint a halat, mert tovább fő.

Ha a gyerekek is esznek a levesből, a filék kockákra vágásakor tegyük félre azokat a darabokat, amelyekben biztosan nincsen szálka, s külön halalaplében főzzük meg.

Jó, ha az alaplé egy napot a hűtőben áll, mert így a tetején összegyűlt zsírt könnyen leszedhetjük.

Amikor bármilyen más halételt készítünk, a filézés után a csontokat és a fejet fagyasszuk le, azután ha összejött egy halászlére való, főzzük meg.

Elkészítési idő: 3 óra
Egy adag: 720 kJ/173 kcal

Pórés nyúlnyárs
(rostély vagy grillsütő)

HOZZÁVALÓK

2 fiatal nyúl gerince • 1 vékony, hosszú póréhagyma •
25 dkg vékonyan fölszeletelt húsos szalonna
(sliced bacon) • só • 1 csapott evőkanál grill fűszerkeverék

A nyúlgerincet lehártyázzuk, majd a csontról lefejtjük és 3-4 centi vastag darabokra vágjuk. A pórét 1 centi vastag karikákra vágjuk, majd egy szalonnaszeletet köréhajtunk; de nem kell duplán betekerni. Utána a nyúlérmékkel váltakozva nyársra húzzuk úgy, hogy az elején meg a végén is hús legyen. Ekkor megsózzuk, a grill fűszerkeverékkel meghintjük és grillsütőben 10-15 percig vagy rostélyra fektetve, parázs fölött kb. 20 percig sütjük. Salátával tálaljuk.

Elkészítési idő: 40 perc
Egy adag: 2772 kJ/663 kcal

Provanszi töltött uborka
(kemence)

HOZZÁVALÓK

2 (egyenként 50 dkg-os) uborka • só • 50 dkg paradicsom •
2 nagy fej vöröshagyma • 2-3 evőkanál olaj •
2 gerezd fokhagyma • őrölt bors • 1 evőkanál friss vagy
1 kiskanál szárított bazsalikomlevél • 2 dl tejszín
a töltelékhez: 40 dkg sovány darált hús •
1 dl zsemlemorzsa • 1,25 dl tejszín • 1 tojás • só •
őrölt bors • 10 dkg juhsajt

A két uborkát meghámozzuk, hosszában elfelezzük, majd a magjait kikaparva kissé besózzuk és félrerakjuk. A paradicsomot leforrázzuk, meghámozzuk, a magjait kikaparjuk, majd húsát kockákra vágjuk. A hagymát megtisztítjuk, fölaprítjuk és 1 evőkanálnyit félrerakunk belőle. A

P

többit az olajon a zúzott fokhagymával együtt megfuttatjuk, a paradicsomot hozzáadjuk, megsózzuk, megborsozzuk. A bazsalikomot apróra vágjuk – egy keveset ebből is félrerakunk –, a paradicsomot a többivel fűszerezzük, de csak 2 percig pároljuk. Ekkor a tejszínt ráöntjük és amikor fölforrt, a tűzről lehúzzuk. A töltelékhez a darált húst a morzsával, a tejszínnel meg a tojással összedolgozzuk. A félretett hagymával meg a bazsalikommal fűszerezzük, enyhén megsózzuk, megborsozzuk. Az uborkát hideg vízzel leöblítjük, szárazra töröljük, majd a húsos masszával megtöltjük. A tejszínes paradicsomot egy kisebb tűzálló tál vagy tepsi aljára öntjük és a töltött uborkát ráfektetjük. A juhsajtot kis kockákra vágjuk, a húsos masszára szórjuk, majd alufóliával az egészet letakarjuk. Előmelegített kemencében, a közepesnél erősebb lánggal 25 percig sütjük. Ekkor a fóliát levesszük róla és további 10 percig hagyjuk a sütőben.

Elkészítési idő: 70 perc
Egy adag: 1958 kJ/468 kcal

Pulykanyárs
(nyárs)

HOZZÁVALÓK

60 dkg pulykamellfilé • só • 25 dkg konzerv ananász (körszeletes) • 2 piros alma • 1 mokkáskanál currypor • 2-3 evőkanál olaj

A húst kb. 4x8 centis, félujjnyi vastag csíkokra vágjuk, megsózzuk. Az ananászkarikákat lecsöpögtetjük, elfelezzük. Minden pulykaszeletbe egy-egy ananászdarabkát rakunk úgy, hogy félbehajthassuk, majd nyársra húzzuk a maradék ananásszal váltakozva. A nyársak mindkét végére almaszelet kerül. Ha ezzel elkészültünk, currys olajjal megkenjük, és hamvadó parázs fölött, szorgalmasan forgatva kb. 20 perc alatt megsütjük.

Elkészítési idő: 40 perc
Egy adag: 1104 kJ/264 kcal

95

Puritán pirítós
(grillsütő vagy rostély)

HOZZÁVALÓK

1 nagy csokor petrezselyem • fél-fél csokor metélőhagyma
és tárkonylevél • 4 közepes ecetes uborka •
4 dundi újhagyma • 1-2 evőkanál kapribogyó • só •
őrölt bors • 1-2 evőkanál tárkonyecet és olívaolaj •
4 kisebb szem, kemény paradicsom • 4 nagy vagy
8 kisebb, de nem túl vastag szelet kenyér

A petrezselymet, a metélőhagymát meg a tárkonylevelet finomra aprítjuk. Az uborkát kis kockákra, az újhagymát meg a kapribogyót apróra vágjuk, majd a zöldfűszerekkel összekeverjük. Megsózzuk, megborsozzuk, az ecettel meg az olívaolajjal összekeverjük és félrerakjuk. A paradicsomok szárát kimetsszük, a szemeket félbehasítjuk, a magjukat kikaparjuk és húsukat csíkokra vágjuk. A kenyér héját levágjuk, majd a szeleteket megpirítjuk. Azon forrón tányérra rakjuk, a fűszeres uborkát ráterítjük és a tetejét a paradicsommal díszítve azonnal tálaljuk.

Elkészítési idő: 25 perc
Egy adag: 1610 kJ/385 kcal

Rablóhús
(nyárs)

HOZZÁVALÓK

50 dkg sertéscomb • 25 dkg császárszalonna •
2 vöröshagyma • 4 zsenge uborka • 2 zöldpaprika •
4 paradicsom • só • 1 mokkáskanál őrölt bors •
6 evőkanál olaj

A húst a húszforintosoknál valamivel nagyobb érmékre vágjuk. A szalonnát hasonló nagyságú szeletekre, a hagymát vastagabb karikákra vagy cikkekre vágjuk. Az uborkát ujjnyi karikákra, a paprikát nagyobb kockákra, a paradicsomot karikákra vágjuk. Az így előkészített anyagokat az uborkával kezdve, váltakozva négy nyársra húzzuk. Megsózzuk, megborsozzuk, olajjal meglocsoljuk. Erősen izzó, de nem lángoló parázs fölött forgatva kb. 15 perc alatt megsütjük.

Elkészítési idő: 40 perc
Egy adag: 2366 kJ/566 kcal

Rácponty
(kemence)

HOZZÁVALÓK
80 dkg pontyfilé • 15 dkg füstölt szalonna • só •
pirospaprika • 1 kg burgonya • 2 vöröshagyma •
4-4 zöldpaprika és paradicsom • 1 evőkanál liszt •
2-3 dl tejföl
a tál kikenéséhez és a tetejére: olaj

A pontyfilét 8 szeletre vágjuk, sűrűn beirdaljuk, majd vékony csíkokra vágott szalonnával megtűzdeljük, megsózzuk, pirospaprikával meghintjük. A burgonyát héjában megfőzzük, leszűrjük, majd amikor kihűlt, meghámozzuk, és karikákra vágjuk. Egy kisebb tepsit vagy tűzálló tálat kiolajozunk, a burgonyát beleterítjük. Enyhén megsózzuk, a pontyot ráfektetjük. A hagymát megtisztítjuk, hajszálvékony karikákra vágjuk, és gyűrűire szedjük. A kicsumázott paprikát meg a szárától megfosztott paradicsomot 3 milliméter vastagon fölszeleteljük. A pontyra először a hagyma, majd a paprika és a paradicsom kerül. 2-3 evőkanál olajjal meglocsoljuk, kemencében, a közepesnél erősebb lánggal 45 percig sütjük. Félidőben a liszttel elkevert tejföllel is meglocsoljuk.

Elkészítési idő: 1 óra 50 perc
Egy adag: 3725 kJ/891 kcal

Reformkenyér
(kemence)

HOZZÁVALÓK

5 dkg élesztő • 35 dkg kenyérliszt • 7-7 dkg Graham-liszt meg barna rozsliszt • 7 dkg búzakorpa vagy zabkorpa • 1 kiskanál tengeri só • 5 dkg margarin • 1 dl joghurt vagy aludttej a forma kikenéséhez: diónyi vaj a tetejére: 1 evőkanál tej • 1 tojássárgája • 1-1 kiskanálnyi szezámmag és mák

Az élesztőt 0,5 deci langyos vízben felfuttatjuk. A háromféle lisztet meg a korpát a sóval ízesítve összekeverjük. Az élesztőt hozzáadjuk, és az olvasztott margarinnal, a joghurttal vagy aludttejjel meg kb. 2 deci langyos vízzel közepesen kemény tésztává dagasztjuk. Ez 10 percet vesz igénybe, de robotgéppel gyorsabban megy. Enyhén belisztezett tálba tesszük, letakarjuk és kb. 1 óra alatt a duplájára kelesztjük. Ezt követően átgyúrjuk, majd két részre osztjuk. Két hosszúkás, magas falú formát vajjal kikenünk. Mindegyikbe egy-egy adag tésztát nyomkodunk, és letakarva újból kelni hagyjuk. Úgy fél óra múlva – amikor a formákat kitölti – a tetejükbe éles késsel három csíkot vágunk, majd a tejjel elhabart tojássárgájával megkenjük. Az egyiket szezámmaggal, a másikat mákkal hintjük meg, és előmelegített kemencébe tolva nagy lánggal kb. 20 percig, majd a tüzet mérsékelve még kb. 20 percig sütjük.

Elkészítési idő: 1 óra 10 perc + kelesztés
Egy adag: 1339 kJ/320 kcal

Roastbeef
(kemence)

HOZZÁVALÓK (6 SZEMÉLYRE)

1,2 kg csont nélküli hátszín • só • 6 dkg vaj a pácoláshoz: 2 evőkanál mustár •

1 mokkáskanál őrölt bors • olaj
a mártáshoz: 1 közepes fej vöröshagyma •
1 húsleveskocka • fél mokkáskanál őrölt bors •
1 evőkanál étkezési kukoricakeményítő (esetleg liszt) •
1 kiskanál mustár • 1-1,5 dl tejföl

A hús inas részeit levágjuk, de a faggyúréteget rajtahagyjuk, majd 3-4 centinként bevagdossuk. A mustárt a borssal összekeverjük, és alaposan a hátszínbe dörzsöljük. Tálba fektetjük, majd annyi olajat öntünk rá, amennyi ellepi. Letakarjuk és hűtőszekrényben 2-3 napig érleljük. Ha az olajjal takarékoskodni akarunk, a fűszerezett húst olajjal megkent alufóliába csomagoljuk, majd lefagyasztjuk, és sütés előtt hűtőszekrényben hagyjuk fölengedni. Ezzel a művelettel ugyanúgy megpuhul, mintha pácolnánk. Az érlelt hátszínt lecsöpögtetjük és megsózzuk. A vajat egy serpenyőben megforrósítjuk, majd nagy lángon a húst körös-körül megpirítjuk benne. Egy kisebb tepsibe kb. 2 deci vizet öntünk, egy rostélyt (grillrácsot) beállítunk és a húst ráfektetjük. A tetejét a sült zsírjával meglocsoljuk, majd forró kemencében, nagy lánggal, a hús vastagságától függően kb. 30 percig sütjük. A pecsenye akkor jó, ha tapintásra nem teljesen puha, hanem kissé rugalmas. A hátszínt a sütési idő felénél megfordítjuk és ha a leve elpárolgott, azt is pótoljuk. Ugyancsak ekkor kerül a levébe a vékonyan fölszeletelt hagyma is. Mielőtt a kész sültet fölszeletelnénk, langyos helyen negyedórát pihentetjük. Ezalatt a tepsiben összegyűlt pecsenyelevet lábasba szűrjük és annyi vizet öntük hozzá, hogy összesen kb. 5 deci legyen. Fölforraljuk, a leveskockát belemorzsoljuk, megborsozzuk. A keményítőt meg a mustárt először egy kevés vízzel, majd a tejföllel simára keverjük. Az ízes lébe öntjük és kevergetve addig főzzük, míg mártásszerűen besűrűsödik. A húst - ami akkor jó, ha a vágásfelülete rózsaszínű, de már nem véres - csak az asztalnál szeleteljük fel, vékonyan. Mindenféle párolt zöldséggel tálaljuk, a mártást külön kínáljuk hozzá.

Elkészítési idő: 45 perc + a hús pácolása
Egy adag: 1652 kJ/395 kcal

Ropogós rudacskák
(kemence)

HOZZÁVALÓK (20 DARABHOZ)

20 dkg rétesliszt • 1-1 késhegynyi só és szódabikarbóna •
12 dkg vaj • 10 dkg reszelt sajt • 2 tojássárgája •
1 evőkanál tejföl
a nyújtáshoz: liszt
a tetejére: 1 tojássárgája

A sót és a szódabikarbónát a lisztbe keverjük, a vajjal elmorzsoljuk, majd a reszelt sajttal, a tojások sárgájával meg a tejföllel összegyúrjuk. Cipóvá formázzuk és letakarva, hűtőszekrényben 1 órát pihentetjük. Ezután belisztezett deszkán 4-5 milliméter vastagságúra nyújtjuk, derelyevágóval csíkokra metéljük, a tetejüket pedig tojássárgájával megkenjük. Egy kevés reszelt sajttal meg is szórhatjuk. Tepsire fektetjük és kemencébe tolva a közepesnél erősebb lánggal kb. 12 percig sütjük.

Elkészítési idő: 30 perc + pihentetés
Egy adag: 473 kJ/113 kcal

Rostélyon sült fürjek
(rostély)

HOZZÁVALÓK

8 konyhakész fürj • só • fél mokkáskanál őrölt bors •
1 kiskanál majoránna • 10 dkg füstölt szalonna •
6 evőkanál olaj

A fürjeket megformázzuk, vagyis a mell alatt a bőrt bevágjuk és ezen a nyíláson „törökülésszerűen" átbújtatjuk a lábaikat. Kívül-belül megsózzuk, megborsozzuk, a hasüregüket majoránnával fűszerezzük, majd egy-egy kis darabka szalonnát is belebújtatunk. Az így előkészített fürjeket olajjal megkenegetjük, rostélyra rakjuk, és közepesen izzó parázs fölött kb. 15 percig sütjük. Közben gyakran forgatjuk, hogy a hő egyformán érje.

Elkészítési idő: 40 perc
Egy adag: 1881 kJ/450 kcal

Roston sült ürügerinc
(rostély)

HOZZÁVALÓK

80 dkg ürügerinc • só • 2 gerezd fokhagyma • fél mokkáskanál őrölt bors • 1 evőkanál grill fűszerkeverék • 8 evőkanál olaj

Az ürügerincet újjnyi vastag szeletekre vágjuk, megsózzuk, zúzott fokhagymával bedörzsöljük, borssal meghintjük. A fűszerkeveréket az olajba szórjuk. A hússzeleteket megkenjük vele. Faszénparázsra fektetett rostélyra rakjuk, és közepesen erős tűz fölött mindkét oldalukat aranybarnára sütjük. Saláta illik köretnek hozzá.

Elkészítési idő: 35 perc
Egy adag: 2676 kJ/640 kcal

Rozmaringos báránycomb
(kemence)

HOZZÁVALÓK (8-10 SZEMÉLYRE)

egy szép, fiatal kb. 2 kg-os báránycomb • 3-4 evőkanál fűszeres só • fél evőkanál őrölt bors • 5-6 gerezd fokhagyma • 1 evőkanál szárított vagy 2 evőkanál friss rozmaring • 1 kiskanál étkezési kukoricakeményítő vagy 2 kiskanál liszt • 3 evőkanál édes, nem túl sós szójamártás • 4 evőkanál száraz fehérbor

A combot a hártyáitól és a felesleges zsiradéktól megtisztítjuk. Sóval, borssal bedörzsöljük, a lehéjazott, félbevágott fokhagymagerezdekkel megtűzdeljük és rozmaringgal megszórjuk. Egy éjszakára hűtőszekrénybe rakjuk. Másnap egy kevés vizet öntünk alá, alufóliával letakarjuk és közepes lánggal kb. 1,5 óra hosszat kemencében sütjük. Akkor jó, ha ujjnyomásra se nem puha, se nem kemény, hanem rugalmas. Középen enyhén rózsaszínűnek, azaz félangolosnak kell lennie. Ezután a pecsenyelevet lábasba szűrjük, a keményítővel vagy a liszttel simára keverjük, és a szójamártással meg a fehérborral hígítjuk. Kevergetve néhány percig forraljuk. Közben a combot a forró kemencébe visszatoljuk és megpirítjuk. Rövid pihentetés után a húst rostjaira merőlegesen felszeleteljük, a pecsenyelével meglocsoljuk. Csőben sült burgonya illik hozzá.

Elkészítési idő: 2 óra 30 perc
Egy adag: 1688 kJ/402 kcal

Sajtos-joghurtos csirkemell
(kemence)

HOZZÁVALÓK

60 dkg csirkemellfilé • 4 gerezd fokhagyma • kb. 3 dl tej az áztatáshoz • 3 evőkanál olaj • 1 kiskanál só • fél-fél mokkáskanál őrölt bors és chilipor • 1 mokkáskanál kakukkfű • 4 dl joghurt • 10 dkg lapkasajt

A csirkemellet vékony szeletekre vágjuk. A fokhagymát présen áttörjük, a tejbe keverjük és a húsra öntjük. Letakarva egy éjjelen át így pácoljuk. Sütéskor lecsöpögtetjük, kiolajozott tepsibe rakjuk, megsózzuk. A borsot, a chiliport meg a morzsolt kakukkfüvet a joghurtba keverjük, a csirkére öntjük. Közepesen forró kemencében 10 percig sütjük. Ekkor a szeleteket megfordítjuk, a sajtot ráfektetjük, és a kemencébe visszatolva még jó 10 percig sütjük. Sült burgonya illik köretnek hozzá.

Elkészítési idő: 35 perc + pácolás
Egy adag: 1367 kJ/327 kcal

Sajtos rakott cukkini
(bogrács és kemence)

80 dkg cukkini • 3 gerezd fokhagyma • 4 nagy fej
vöröshagyma • 4-5 szem paradicsom • origano vagy
provanszi fűszerkeverék • só, őrölt bors • 2 tojás •
2 dl tejföl • 10 dkg reszelt sajt
a sütéshez: olaj

A cukkinik végeit levágjuk, törzsüket kisujjnyi széles karikákra szeljük. A megtisztított fokhagymagerezdeket a megforrósított olajba dobjuk, de mielőtt megpirulnának, kiemeljük. A cukkiniszeleteket ebben a fokhagymás olajban mindkét oldalukon hirtelen megsütjük, majd papírszalvétára szedve leitatjuk. A cukkini után a megtisztított és karikákra vágott hagymát is egy pillanatra az olajba dobjuk, de ezt nem hagyjuk megpirulni. A paradicsomokat lecsumázzuk, karikákra vágjuk. A cukkinit, a hagymát és a paradicsomot kissé ferdén egymásra csúsztatva egy lapos tűzálló tálba rétegezzük. Sóval, borssal, origanoval, illetve provanszi fűszerkeverékkel bőven megszórjuk. A tojásokat a tejfölben simára keverjük, a reszelt sajtot beleszórjuk és a zöldség tetejére locsoljuk. Forró kemencében, nagy lánggal 20-25 percig sütjük. Akkor jó, ha a teteje aranysárgára pirult.

JÓ TANÁCSOK

A tejfölös öntet helyett vékonyra szeletelt mozzarellával is készíthetjük. A fűszerekkel ne takarékoskodjunk, mert a semleges cukkininak ezek adják meg az ízét.

Elkészítési idő: 1 óra
Egy adag: 1438 kJ/343 kcal

Sajtos húspogácsák
(rostély vagy kemence)

HOZZÁVALÓK

50 dkg darált marhahús • 30 dkg darált sertéshús •
1 kiskanál só • 1 mokkáskanál őrölt bors • 10 dkg sajt •
1 kisebb vöröshagyma • 1 mokkáskanál mustár

A kétféle darált húst sóval, borssal ízesítjük, majd a kis kockákra vágott sajtot meg a lereszelt vöröshagymát hozzáadjuk a mustárral együtt. 8 pogácsát formálunk belőle, rostélyra rakjuk, és közepesen erős parázs fölött megsütjük. Készíthetjük úgy is, hogy a sajtot lereszeljük, ahogyan a hagymát is, majd a mustárral összekeverjük. 4 húspogácsára halmozzuk, a másik 4 vagdaltot ráborítjuk, és a szélek találkozásánál összenyomkodjuk, nehogy a töltelék kifolyjon. Forró kemencében kb. 20 percig sütjük. Saláta illik köretnek hozzá.

Elkészítési idő: 40 perc
Egy adag: 2082 kJ/498 kcal

Sajtos kosárkák
(kemence)

HOZZÁVALÓK (24 DARABHOZ)

a tésztához: 25 dkg finomliszt (a fele Graham-liszt
is lehet) • késhegynyi só • 12,5 dkg vaj • 1 tojás •
0,3-0,5 dl hideg víz
a töltelékhez: 30 dkg sajt • 1,5 dl tejszín • 2 tojás •
késhegynyi őrölt fehér bors és szerecsendió • csipetnyi só
a forma kikenéséhez: vaj

A lisztet megsózzuk, majd a vajjal elmorzsoljuk. A tojást beleütjük é annyi vízzel gyúrjuk össze, hogy közepesen kemény tésztát kapjunk. Le takarva hűtőszekrénybe tesszük és legalább fél órát pihentetjük. Közbe a sajtot megreszeljük, majd a tejszínnel, a felvert tojásokkal meg a fű szerekkel összedolgozzuk. A tésztát belisztezett deszkán kb. 3 milliméter vastagságúra kinyújtjuk, és egy 5 centi átmérőjű pogácsaszaggatóval kiszúrjuk. Kis kosárformákat vagy mini-muffin sütőformát kivajazunk és a tésztával kibéleljük. A sajtos tölteléket a kosarakba töltjük, tepsibe rakjuk és előmelegített kemencébe toljuk. A közepesnél erősebb lánggal 20 percig sütjük és a formákból még melegen kiemeljük.

Elkészítési idő: 1 óra 10 perc
Egy kosár: 627 kJ/150 kcal

Sajtos-tojásos kifli
(grillsütő)

HOZZÁVALÓK

4 kifli • 2 tojás • 25 dkg reszelt trappista sajt • só •
1 mokkáskanál köménymag

A kifliket hosszában kettévágjuk, és kissé megpirítjuk. A tojásokat felverjük, a sajtot hozzáadjuk, csipetnyit megsózzuk, majd a kifliken elosztjuk. A tetejét a köménymaggal meghintjük. Forró grillsütőben 5-6 percig sütjük.

Elkészítési idő: 20 perc
Egy adag: 1727 kJ/413 kcal

Sajtos virsli
(grillsütő)

HOZZÁVALÓK

4 pár virsli • 15 dkg trappista sajt • 10-15 dkg vékony
szelet húsos szalonna (sliced bacon)

A virsliket lebőrözzük, majd olyan mélyen vágjuk be, hogy egy hosszúkás, nem túl vastag sajtszelet beleférjen. A közepét 1-1 kis darabka szalonnával körbetekerjük, esetleg fogvájóval rögzítjük. Grillsütőben, 4-5 perc alatt megsütjük. Mustárral, tormával azon forrón tálaljuk.

Elkészítési idő: 20 perc
Egy adag: 2404 kJ/575 kcal

Sertéskaraj
és szűzpecsenye kövön sütve
(kőgrill)

HOZZÁVALÓK (SZEMÉLYENKÉNT)
1-1 szelet kicsontozott karaj és szűzpecsenye •
fűszersó (vagy grillfűszer és só) • olaj (a kőre)
a fűszervajhoz (4 személyre): 10 dkg vaj • 1 evőkanál
fűszerkeverék (vagy só, őrölt bors, finomra vágott
petrezselyem és metélőhagyma) • néhány csöpp citrom •
1 gerezd fokhagyma

Elöljáróban fűszervajat készítünk. Ehhez a vajat habosra keverjük, a fűszerkeveréket meg a citromlevet hozzáadjuk és a megtisztított fok hagymát belepréseljük. Alufóliába csomagolva hengerré formáljuk és néhány órára a hűtőszekrénybe tesszük. Közben a húst megmossuk, ki verjük, fűszersóval megszórjuk, majd sütésig a hűtőszekrényben tart juk. Sütéskor a követ fölmelegítjük, olajjal vékonyan megkenjük, a hús szeleteket ráfektetjük és mindkét oldalukat kb. 3-3 percig sütjük (köz ben vékonyan fokhagymás olajjal vagy szójamártással kenegetjük). Ka rikákra vágott fűszervajjal tálaljuk. Finom mellé a kövön sült alma, bur gonya, de kínálhatunk mellé savanyúságot, csemegeuborkát, burgonya vagy babsalátát.

Elkészítési idő: 30 perc + pihentetés
Egy adag: 2467 kJ/590 kcal

Sertésnyelv pikáns mártásban
(bogrács)

Hozzávalók

*1 sertésnyelv • 3-4 evőkanál olaj vagy 3-4 dkg sertészsír •
1 evőkanál liszt • 1 kisebb vöröshagyma •
egy-egy késhegynyi pirospaprika és őrölt bors •
1 kiskanál mustár • egy kevés citromhéj •
1 mokkáskanál cukor • 1 dl tejföl*

A sertésnyelvet leforrázzuk, fehér bőrét lefejtjük, majd a húst bográcsban puhára főzzük és levében hűlni hagyjuk. Utána vékony csíkokra vágjuk, ahogy a tokányhoz valót szokás. A kimosott bográcsban az olajból a liszttel barna rántást készítünk, amiben a lereszelt vöröshagymát megfuttatjuk. A pirospaprikát meg a borsot rászórjuk, és kevergetve annyi – kb. 3,5 deci – főzőlevet öntünk rá, hogy 1-2 percnyi forralás után mártás sűrűségű legyen. A nyelvet belekeverjük, a mustárral, a citromhéjjal meg a cukorral ízesítjük, a tejföllel gazdagítjuk. Burgonyafánkot vagy zsemlegombócot kínálunk hozzá.

*Elkészítési idő: 2 óra 30 perc
Egy adag: 2011 kJ/481 kcal*

Strasbourg-i zöldségestál
(kemence)

Hozzávalók (8 adaghoz)

*a tésztához: 1 kg burgonya • só • 20 dkg liszt •
5 dkg vaj • 5 dkg reszelt parmezánsajt •
1 egész+1 tojássárgája • zsemlemorzsa
a töltelékhez: 2 közepes sárgarépa • 2 kis cukkini •
15 dkg füstölt szalonna • 10 dkg ementáli sajt •
2 vöröshagyma • 2 evőkanál olaj • só • őrölt bors
a sütőtál kikenéséhez: vaj • zsemlemorzsa*

A burgonyát héjában, enyhén sós vízben megfőzzük, meghámozzuk és még melegen áttörjük. Amikor kihűlt, fakanállal kavarva összedolgozzuk a többi hozzávalóval. Akkor jó, ha a hagyományos burgonyás tésztánál kicsit lágyabb állagú. A sárgarépát megtisztítjuk, a cukkinik végeit levágjuk, karikákra vágjuk és az előbbit 10 percig, az utóbbit 5 percig főzzük, leszűrjük, lecsepegtetjük. A szalonnát csíkokra metéljük, a sajtot durvára reszeljük. Egy kerek tűzálló tálat kivajazunk, zsemlemorzsával meghintjük. A tésztával egyenletesen kibéleljük a széleit, egy villa fogazatával kicifrázzuk. A tészta alját is megszórjuk morzsával. Rátesszük a zöldségek felét. Megsózzuk, megborsozzuk, 1 evőkanál olajjal meghintjük. Erre jön a szalonna és a sajt fele, majd a maradék zöldség. A vöröshagymát meghámozzuk, elnegyedeljük. A rakottas közepére rakjuk, a maradék szalonnával, sajttal meg olajjal bekenjük. Alufóliával letakarjuk, és előmelegített kemencében, közepes tűzzel 35 percig sütjük. Az alufóliát levéve még 10 percre visszatesszük, hogy szép aranybarna legyen.

JÓ TANÁCS

A tészta szerecsendióval, a zöldség pizzaízesítővel fűszerezhető. A maradék jól újramelegíthető.

Elkészítési idő: 1 óra 35 perc
Egy adag: 3219 kJ/770 kcal

Sonkás, túrós uborkarakottas
(kemence)

HOZZÁVALÓK (8 ADAGHOZ)
1 kg közepes nagyságú uborka • 1 közepes fej
vöröshagyma • 12 dkg vaj vagy margarin • só •
őrölt bors • késhegynyi cukor • 30 dkg főtt, füstölt
sonka • 2 csokor kapor • 3 nagy tojás •
40 dkg tehéntúró • 2,5 dl tej • 12,5 dkg búzadara •
1 kiskanál sütőpor • 10 dkg juhsajt • 2 gerezd fokhagyma
a forma kikenéséhez: vaj • zsemlemorzsa

Az uborkát meghámozzuk, hosszában kettéhasítjuk, majd a magjait kikaparjuk és húsát ujjnyi vastagon fölszeleteljük. A vöröshagymát megtisztítjuk, finomra vágjuk és 3 dkg vajon üvegesre sütjük. Az uborkát hozzáadjuk, megsózzuk, megborsozzuk, leheletnyi cukorral ízesítjük, majd lefödve pároljuk. Ezalatt a sonkát kisebb hasábokra, a kaprot finomra vágjuk. A párolt uborkát a sonkával meg a kapor felével összekeverjük és a tűzről lehúzzuk. A tojások sárgáját a maradék puha vajjal, az áttört túróval, a tejjel, a darával meg a sütőporral simára dolgozzuk. A juhsajtot belereszeljük vagy -morzsoljuk, zúzott fokhagymával ízesítjük. Megsózzuk, megborsozzuk, a maradék kaporral fűszerezzük, végül a kemény habbá vert tojásfehérjét lazán beleforgatjuk. Egy 25x15 centis tűzálló tálat kivajazunk és morzsával behintünk. A túrós massza egyharmadát belesimítjuk, a tetején a sonkás uborka felét egyenletesen elterítjük. Erre ismét túrós massza, majd a maradék sonkás uborka kerül, végül az egészet a túrókrémmel betakarjuk. Előmelegített kemencében, a közepesnél erősebb lánggal 45 percig sütjük. Mielőtt kockákra vágva tálalnánk, kissé hűlni hagyjuk.

Elkészítési idő: 2 óra
Egy adag: 1783 kJ/426 kcal

Sós apróságok
(kemence)

HOZZÁVALÓK (KB. 50 DARABHOZ)
20 dkg vaj • 30 dkg finomliszt • 1 dl tejföl •
1 tojássárgája • 15 dkg reszelt ementáli vagy füstölt sajt •
késhegynyi só
a nyújtáshoz: liszt
a tetejére: 1 tojás • 1-1 mokkáskanálnyi mák, egész
kömény és szezámmag

A vajat a liszttel elmorzsoljuk, majd a többi hozzávalóval gyorsan cipóvá gyúrjuk. Hűtőszekrényben fél órát pihentetjük, ezt követően enyhén belisztezett deszkán 1,5 centi vastagra nyújtjuk. A tetejét felvert tojással megkenjük és deszkástól újra a hűtőbe téve jól kidermesztjük. Ezután éles késsel különböző alakúra (téglalap, négyzet, rombusz stb.) vágjuk, vagy kis formákkal (szív, kerek, háromszög stb.) kiszúrjuk. Tetejüket tojással újból megkenjük, majd mákkal, köménymaggal vagy szezámmaggal megszórjuk. Sütőpapírral bélelt tepsibe sorakoztatjuk és kemencében, a közepesnél egy kicsit erősebb lánggal kb. 20 percig sütjük.

Elkészítési idő: 40 perc + dermesztés (pihentetés)
Egy darab: 285 kJ/68 kcal

Sóban sült csirke
konyhafőnök-salátával
(kemence)

HOZZÁVALÓK

1 egész csirke • 1 mokkáskanál só • 1-1 csapott
mokkáskanál őrölt bors meg kakukkfű •
1 kiskanál majoránna
a sóborításhoz: 2 kg só • 2 tojásfehérje • 1 csapott
evőkanál liszt • 1 kiskanál olaj
a salátához: 20 dkg kígyóuborka • 2-2 paradicsom
és zöldpaprika • 1-1 csomó újhagyma és retek •
20 dkg zöldbab • só • cukor • 1 fej saláta
a remuládmártáshoz: 3 dl olaj • 2 tojássárgája •
3 evőkanál tejszín • 1 kiskanál mustár • 1 citrom leve •
só • őrölt fehér bors • 1 kiskanálnyi friss tárkonylevél •
1 közepes ecetes uborka • 1-1 csokor metélőhagyma
és petrezselyem

A csirkét megmossuk, konyharuhával a nedvességet kívül-belül leitatjuk róla, majd a hasürgét sóval, borssal meg a fűszerekkel alaposan bedörzsöljük. Legalább 30 percig állni hagyjuk. A sóborításhoz a hozzávalókat összekeverjük, a felével egy tepsi alját 2 centi vastagon beterítjük, a csirkét ráfektetjük, és a többi sós masszával körös-körül légmentesen beburkoljuk. Forró kemencében, közepes lánggal 40-50 percig sütjük. Közben elkészítjük a salátát. A zöldféléket megmossuk, és megtisztítjuk. A kígyóuborkát héjastól apró kockákra vágjuk, a paradicsomot, a zöldpaprikát, az újhagymát, a retket fölszeleteljük. A zöldbabot leszálkázzuk, majd kétcentis darabokra vágva enyhén sós-cukros vízben megfőzzük, utána leszűrjük és lecsöpögtetjük. A fejes salátát leveleire szedjük, megmossuk, konyharuhában megszikkasztjuk, majd apróra tépkedjük. A remuládmártáshoz az olajat salátástálban csöppenként a tojássárgájához keverjük, és ha már jó sűrű majonézt kaptunk, a tejszínt, a mustárt meg a citromlevet apránként beledolgozzuk. Sóval, fehér borssal fűszerezzük, és az egészen apróra vágott tárkonyt, az ecetes uborkát, a metélőhagymát meg a petrezselymet is belekeverjük. Az előkészített zöldféléket óvatosan beleforgatjuk. Végül a megsült csirkéről a sókérget lebontjuk, a húst feldaraboljuk, és a salátával körítve azonnal tálaljuk, nehogy a fejes saláta összeessen.

Elkészítési idő: 2 óra
Egy adag: 4168 kJ/997 kcal

Sörkenyér
(kemence)

HOZZÁVALÓK (1,75 KG-HOZ)
5 dkg élesztő • 5 dkg barnasör • 1 kg teljes kiőrlésű rozsliszt (RLTK 190) • 20 dkg finomliszt • 1 evőkanál só • kb. 5 dl langyos víz a forma kikenéséhez: vaj

Igazi kenyeret kovász nélkül nem készítünk, ezért először az élesztőt a sör felével meg kb. 40 deka rozsliszttel összegyúrjuk. Utána letakarjuk és szobahőmérsékleten legalább 12 óra hosszat érleljük. A kétféle lisztet a sóval összekeverjük, majd az érett kovásszal, a maradék sörrel, meg annyi langyos vízzel amennyit felvesz, lágy tésztává dagasztjuk. A rozsliszt ragacsos, ezért a massza nem fog elválni az edény falától. A tésztát letakarva, langyos helyen 30 percig kelesztjük, azután elfelezzük. Belisztezett deszkán egyenként rúd alakúra formázzuk, majd kivajazott püs-

111

pökkenyér formákba fektetjük. Letakarva, langyos helyen újabb 1 órát kelesztjük. Akkor jó, amikor a tészta a formát teljesen kitölti. A tészták tetejét vizes ecsettel lazán lekenjük, azután előmelegített kemencében, nagy lánggal 30 percig sütjük. Ekkor a lángot mérsékeljük és a sütést további 30 percig folytatjuk. A formából még forrón kiborítjuk, máskülönben a gőze nem illan el, a kenyér „beizzad", elázik.

Jó tanácsok

Ezt a kenyeret teljes kiőrlésű rozsliszt helyett barna rozsliszttel (RLTK), finomliszt helyett pedig kenyérliszttel is készíthetjük.

Az élesztő frissességét ellenőrizhetjük, ha a kovászkészítés előtt kissé megfuttatjuk.

Érdemes a két kenyeret egyszerre megsütni, mert kovásszal készült, így tovább eláll.

Elkészítési idő: 25 perc + kovász + kelesztés + sütés
10 dkg: 1121 kJ/268 kcal

Sörös sült csülök
(nyárs vagy kemence)

Hozzávalók

2, egyenként kb. **1,2 kg-os sertéscsülök** *(minél több bőr legyen rajta)* • *őrölt fehér bors* • *1-1 mokkáskanál pirospaprika, majoránna, őrölt kömény* • *2 evőkanál só* **a kenegetéshez:** *sör* **a tepsis burgonyához:** *1,2 kg burgonya* • *só* • *5 dkg füstölt szalonna* • *30 dkg vöröshagyma* • *só* • *őrölt bors* • *1 csokor petrezselyem* • *3-4 gerezd fokhagyma* **a burgonya sütéséhez:** *bőven olaj* **a bajor káposztához:** *10 dkg füstölt szalonna* • *1 fej vöröshagyma* • *1 kg savanyú káposzta* • *2-3 babérlevél* • *8-10 szem borókabogyó* • *15-20 szem fekete bors, só*

112

A csülköt megmossuk és a nedvességet leitatjuk róla. A fűszereket a sóval összekeverjük, majd alaposan a húsba dörzsöljük, de vigyázzunk, nehogy a bőrét érje, mert akkor sütés közben könnyen megéghet. Letakarva, hűtőszekrényben 2 napig érleljük, majd nyársra húzzuk és intenzív faszénparázs fölött kb. 3 órát sütjük, közben sörrel gyakorta kenegetjük. Ha kemencében készítjük, akkor a csülköt sütőzacskóba csomagoljuk és kemencében, közepes lánggal 1,5-2 órát sütjük. Ezután kibontjuk és a sörrel locsolgatva ropogóspirosra pirítjuk. Tepsis burgonyával meg bajor káposztával kínáljuk. Az előbbi úgy készül, hogy a burgonyát enyhén sós vízben megfőzzük, majd leszűrjük. Amikor kihűlt, meghámozzuk, félcentis karikákra szeleteljük és bő, forró olajban félig megsütjük. Közben a szalonnát kis kockákra vágjuk, kiolvasztjuk, majd zsírjában a cikkekre darabolt hagymát is megpirítjuk, félig megpároljuk. A burgonyát hozzáadjuk, megsózzuk, megborsozzuk, finomra aprított petrezselyemmel meg a zúzott fokhagymával fűszerezzük és nagy lángon, többször megforgatva készre pirítjuk. A bajor káposztához a szalonnát kis kockákra vágjuk és üvegesre sütjük. A hagymát tisztítás után fölaprítjuk, a szalonna zsírjában megfuttatjuk. A káposztát, ha túl savanyúnak találnánk, kissé kimossuk, majd néhány vágással rövidebbre daraboljuk. Utána a szalonnás-hagymás alaphoz adjuk, megfűszerezzük, megsózzuk. Egy kevés vízzel – még jobb, ha füstölt lével – fölöntjük és lefödve, kis lángon puhára pároljuk. Mindkét köret készülhet bográcsban is.

Elkészítési idő: kb. 3 óra + a csülök érlelése
Egy adag: 3580 kJ/856 kcal

Sült csillagtök fűszeres túróval
(rostély)

HOZZÁVALÓK

2 zsenge, egyenként kb. 50 dkg-os csillagtök •
2 evőkanál olaj • só, késhegynyi őrölt bors
a fűszeres túróhoz: 1 csokor kapor • 2 gerezd fokhagyma •
10 dkg ecetes uborka • 25 dkg tehéntúró • 1 dl tejföl •
só • késhegynyi őrölt bors

Először a fűszeres túrót készítjük el. A megmosott kaprot és a megtisztított fokhagymát finomra, az ecetes uborkát apró kockákra vágjuk. A túrót villával összetörjük, majd a tejföllel, a kaporral, a fokhagymával és az uborkával összekeverjük. Megsózzuk, megborsozzuk és állni hagyjuk. A csillagtököt megmossuk, szárazra töröljük, majd hámozás nélkül félujjnyi vastag szeletekre vágjuk. (A zsenge magokat bennehagyhatjuk.) Az olajat sóval, borssal összekeverjük. A tökszeleteket a fűszeres olajjal megkenjük, és rostélyon megsütjük. A túrókrémet a tányérján mindenki a saját kedve szerint keni a frissen sült csillagtökre.

Elkészítési idő: 20 perc
Egy adag: 1254 kJ/300 kcal

Sült malac káposztával
(kemence)

HOZZÁVALÓK (10-12 SZEMÉLYRE)
1 kisebb, konyhakész malac egészben (kb. 6 kg) •
só • majoránna • olaj • 1 üveg sör •
egy kisebb darab szalonna (10-15 dkg)

A malac bőrét leperzseljük vagy éles késsel megkapargatjuk, hogy az esetlegesen rajtamaradt szőrszálakat eltávolítsuk róla; de vigyázzunk, nehogy fölsértsük. Utána a malacot kívül-belül bő vízzel megmossuk, majd a nedvességet leitatjuk róla. A hátára fektetjük, a gerinccsontját hosszában behasítjuk (különben sütés közben a malac meghajlik) és a lábait a térdhajlatnál levágjuk. A malac belsejét megsózzuk, majoránnával meghintjük, majd legalább 1 órát állni hagyjuk, hogy a fűszerek jól átjárják. Egy tepsire fémrácsot (grillrácsot) fektetünk. A malacot tisztára mosott fahasábra vagy pezsgősüvegre ráhúzzuk, hogy kifeszüljön és sütés közben a formáját megtartsa. A rácsra tesszük, a füleit meg a farkát olajjal megkent alufóliába csomagoljuk, nehogy megégjenek. Kemencében, a közepesnél kisebb lánggal kb. 2 óra 30 percet sütjük; közben sörbe mártott szalonnával gyakran kenegetjük. Elkészültét úgy ellenőrizzük, hogy villával a nyakába szúrunk (itt a legvastagabb), és ha a kifo-

114

lyó lét tiszta, nem véres, akkor a pecsenye megsült. Ha sütés közben a malac bőre fölhólyagosodik, a tüzet kissé mérsékeljük, a hólyagokat pedig kiszúrjuk. Párolt káposztával azonnal tálaljuk, nehogy a pihentetés közben keletkező gőz a bőrét felpuhítsa. Ha mégsem azonnal kínáljuk, akkor a fejét vágjuk le (tálaláskor visszailleszthetjük), mert ott keletkezik a legtöbb gőz. A maradék malacsültet hidegen is asztalra adhatjuk, amihez ecetes cékla vagy káposztasaláta illik.

Elkészítési idő: kb. 3 óra + pihentetés
Egy adag: 2412 kJ/577 kcal

Sült-töltött zöldségvariációk
(kemence)

A töltött zöldségek alig-alig találják a helyüket a magyar konyhában. Ki tudja, miért idegenkedünk tőlük, holott a töltött paprika az idők során szinte nemzeti eledelünkké nemesült. No, de valami újba kezdeni sosincs késő, s ha már kísérletezünk, tegyük bátran. Például süssünk együtt többféle zöldséget finomabbnál finomabb töltelékekkel gazdagítva.

HOZZÁVALÓK

*a fűszeres túrós töltelékhez: (4 paradicsom, 4 cukkini, 8 gomba töltéséhez) 2 ág halvány zeller vagy egy kis darab zeller • 1 fej vöröshagyma • 1 piros színű, húsos paprika • 2 gerezd fokhagyma • 1 kis fej édeskömény (el is maradhat) • 1 csokor bazsalikom • 0,5 dl tejföl • 0,5 dl tejszín • 35 dkg juhtúró • 35 dkg tehéntúró • só • őrölt bors • 2 tojás • 1-2 evőkanál olívaolaj • 2 evőkanál búzadara • 5 dkg parmezán sajt
a húsos töltelékhez: (4 kisebb paprika, 2 közepes padlizsán, 4 hagyma töltéséhez) 25 dkg csiperke gomba • 1 közepes fej vöröshagyma • 3 dkg vaj • fél citrom • só • őrölt bors • 80 dkg sovány sertés- vagy borjúhús • 10 dkg sonka • 1 csokor petrezselyem • 2 gerezd fokhagyma • 1 mokkáskanál szárítot vagy*

115

félcsokor friss koriander • *2 tojás*
a pároláshoz: 5 dkg vaj • *fél húsleveskocka vagy*
ételízesítő por • *1 kis fej vöröshagyma* •
2-3 ágacska kakukkfű • *1 mokkáskanál porcukor*

A töltésre legalkalmasabb zöldségek: paprika, vöröshagyma, csillagtök, tök, paradicsom, cukkini, padlizsán, gomba. A cukkinit meg a csillagtököt csak akkor kell hámozni, ha már nem elég zsengék. A cukkinit 4-5 centis darabokra vágjuk, vagy hosszában kettéhasítjuk. A magjait kikaparjuk, a belsejét kivájjuk. A csillagtök tetejét levágjuk, a magjait eltávolítjuk és a belsejét kifúrjuk. A paradicsom tetejét levágjuk, ez lesz a „kalapja", a húsát kikaparjuk. A gomba szárát a fejről leválasztjuk és fölaprítjuk. A padlizsánt hosszában elfelezzük, magjait eltávolítjuk és belsejét kikaparjuk. A paprikát félbevágjuk vagy a tetejéből egy szeletet levágunk, majd magházát kimetsszük. A vöröshagymát megmossuk és héjában enyhén sós vízben vagy húslevesben 15 percig főzzük. Utána meghámozzuk, a csúcsos végéből egy vékony szeletet levágunk és belsejét kikaparjuk. A zöldségek kivájt húsát fölaprítjuk és külön-külön egy kevés vajon megpároljuk. A fűszeres túrós töltelék hozzávalóit kikészítjük. Az összes zöldséget megtisztítjuk, apróra vágjuk. A zöldséget egy kevés olajon 5-7 percig pároljuk, majd zúzott fokhagymával ízesítjük. A tejfölt a tejszínnel összekeverjük, a fölaprított bazsalikommal fűszerezzük és fölforraljuk. A kétféle túrót villával összetörjük, megsózzuk, a felvert tojásokat hozzáadjuk. A párolt zöldséget, a tojásos túrót és a kissé kihűlt, bazsalikomos tejszínt összekeverjük. Az olajat meg a darát beledolgozzuk, a sajtot belereszeljük. A húsos töltelék hozzávalóit előkészítjük. A gombát meg a vöröshagymát megtisztítjuk, fölaprítjuk. Utóbbit a vajon megfuttatjuk, majd a gombát hozzáadjuk. Fél citrom levével ízesítjük, megsózzuk, megborsozzuk és kevergetve további 6-8 percig pároljuk. A húst meg a sonkát földaraboljuk és finomra aprítjuk vagy ledaráljuk. A petrezselymet és a fokhagymát apróra vágjuk. Ha friss a korianderünk, azt is hozzáadjuk. A darált húst a tojással meg a kissé kihűlt gombával összekeverjük és megsózzuk, megborsozzuk, a fűszereket hozzáadjuk. A húsos masszát a párolt padlizsán és vöröshagyma belsővel összekeverjük. Ez lesz a paprika, a padlizsán és a hagyma tölteléke. A paradicsomot a túrós masszával megtöltjük

Ami marad, 2 részre osztjuk, egyikbe a párolt apró gomba, a másikba a párolt cukkini kerül. Előbbi a gombafejekbe, utóbbit a cukkinibe töltjük. A pároláshoz a vajat a leveskockával ízesített 2,5 dl vízben feloldjuk. A megtisztított, félbevágott és vékonyan fölszeletelt hagymát beleszórjuk, fölaprított kakukkfűvel fűszerezzük, porcukorral ízesítjük. A kemencét közepesen forróra előmelegítjük. A vajas-kakukkfüves levet tűzálló tálba öntjük és a töltött zöldséget belerakjuk. Alufóliával letakarva, a fűszeres túróval töltötteket kb. 20, míg a húsosakat kb. 50 percig sütjük. Tálalás előtt, fólia nélkül kissé meg is piríthatjuk.

JÓ TANÁCSOK

Fentieken kívül zöldségek töltésére (hidegen-melegen) a következőket ajánljuk.

Csirkés (mindenféle „húsos" zöldséghez, cukkinihez): 2 főtt vagy sült csirkemellet ledarálunk, majd 4 evőkanál majonézzel, 1 kiskanál curryporral meg 5 deka, teában áztatott és lecsöpögtetett mazsolával összekeverjük. Félig megfőzött vagy elősütött zöldségekbe töltjük, a tetejére kókuszreszeléket szórunk. Ha forrón készítjük, akkor a húst nyersen ledaráljuk, ízesítjük az ugyancsak nyers zöldségbe töltjük és így sütjük meg. Utóbbi esetben a majonéz helyett tejföl kerül bele.

Kukoricás (cukkinihez, paprikához, paradicsomhoz): 40 deka fagyasztott vagy konzerv kukoricát lecsöpögtetünk, ledaráljuk és 2 evőkanál tejföllel, 1-2 fölaprított újhagymával összekeverjük. 10 deka apróra vágott füstölt hússal is gazdagíthatjuk. Félig megfőzött vagy elősütött zöldségekbe töltve máris tálalható. Ha forrón szeretjük, akkor a kukoricás masszába 1 tojást is keverünk, a nyers zöldségbe töltjük és tetejét reszelt sajttal megszórva, a sütőbe toljuk.

Főtt marhahúsos (hagymához, paradicsomhoz, cukkinihez): 50 deka főtt marhát 2 fej sült (főtt) vöröshagymával ledarálunk és fölaprított olajbogyóval meg ecetes uborkával ízesítjük. 1 csokor apróra vágott petrezselyemmel fűszerezzük, azután a félig főtt (sült) zöldségbe töltjük. Ha forrón készítjük, a töltelékbe 1 tojást meg 1 tojássárgáját is keverünk, így púpozzuk a még nyers zöldségbe, majd megsütjük.

Sült rákfarok
(grillsütő)

HOZZÁVALÓK

12 nagyobb, hajszálvékony szelet füstölt sonka •
24 szép bazsalikomlevél • 12 tisztított, fagyasztott,
nagyobb rákfarok (scampi) • késhegynyi őrölt
Cayenne-bors • 2-3 evőkanál olívaolaj

A sonkaszeleteket egymás mellé fektetjük, és mindegyikre 2-2 szép bazsalikomlevelet (ha nagyobb, akkor csak egyet) és egy-egy rákfarkot rakunk. Borssal kissé meghintjük, utána föltekerjük, majd egymás mellé, olajjal megkent tepsibe rakosgatjuk. Forró grillsütőben 5-6 percig sütjük. Azonnal tálaljuk; hollandi vagy bearni mártást kínálunk hozzá.

JÓ TANÁCS

Bazsalikom helyett leforrázott parajlevelet is használhatunk; a szalonna alá pedig egy vékony szelet sajt is kerülhet.

Elkészítési idő: 25 perc
Egy adag: 836 kJ/200 kcal

Szalonnasütés
(nyárs)

HOZZÁVALÓK

60 dkg szalonna • puha kenyér, vöröshagyma

A szalonnasütéshez szinte bármelyik fajta szalonna jó. Személyenként úgy 15 dekát számítsunk belőle. A nyársakat mindig a szalonna bőréhez közel szúrjuk bele. Ha semmivel sem gazdagítjuk, akkor a nyárs végét ne szúrjuk át teljesen a szalonnán, mert hamar lángra lobbanhat. Csak akkor toljuk át rajta a nyársat teljesen, ha vöröshagyma, egy darabka kolbász stb. kerül még rá. A nyársra húzott szalonna felső részét bevagdossuk, hosszában és keresztben is. Sőt, egyes helyeken sarokra futó, átlós irányban vágják be, melynek célja az, hogy a kiolvadó zsír ezeken a csatornákon csuroghasson ki. A szalonna sütést először a kenyér pirításával kezdjük, amihez nem szükséges semmi különleges felszerelés, elég egy Y-alakú nyárs hozzá, amelynek villás végére ráhúzzuk a kenyeret és parázs felett megpirítjuk. Utána szalvétára vagy tányérra rakjuk. A tetejére hagymakarikákat halmozunk. A parázs felett forgatott szalonna olvadó zsírját a hagymás pirított kenyérre csorgatjuk, azonnal fogyasztható.

FONTOS!

Hogy a szalonnát a tűz felett ne felülről lefelé tartsuk, mert akkor kiolvadó zsírja a tűzbe csöpög.

Egy adag kb.: 4180 kJ/1000 kcal

Szalonnás-gombás angolnafalatok
(nyárs)

HOZZÁVALÓK

1 kg megnyúzott konyhakész angolna • só •
15 dkg vékony szelet húsos szalonna (ún. sliced bacon) •
12 konzerv gombafej • 12, fél centi vastag uborkakarika •
4 közepes, kemény paradicsom • fél citrom leve •
fél mokkáskanál fokhagymás só • 3 evőkanál olaj

Az angolnát kb. 6 centis darabokra vágjuk, megsózzuk. A szalonnát hasonló nagyságúra daraboljuk, és a halfalatokat egyenként belegöngyöljük. Utána a gombafejekkel, az uborkakarikákkal, meg a félbehasított paradicsommal felváltva nyársra húzzuk. Kívülről is megsózzuk kissé, majd a citromlével meg a fokhagymás sóval ízesített olajjal kenegetve, parázs fölött, többször megforgatva 20-25 perc alatt megsütjük.

Elkészítési idő: 45 perc
Egy adag: 3094 kJ/740 kcal

Szalonnás szűzérmék
(nyárs)

2 szűzpecsenye (60 dkg) • só • 15 dkg füstölt szalonna •
8 apró vöröshagyma • 2 húsos zöldpaprika • só •
1-1 mokkáskanál őrölt borsikafű és kakukkfű •
2-3 evőkanál olaj

A szűzpecsenyét kissé ferdén szeleteljük föl, hogy hosszúkás érméket kapjunk. Ezeket kissé kiverjük, megsózzuk. A szalonnát vékonyan fölszeleteljük. A hagymát megtisztítjuk (ha nagyobbak, akkor elfelezzük), a zöldpaprikát kicsumázzuk, a húshoz hasonló nagyságú kockákra vágjuk. Mindegyik szűzérmére egy-egy szelet szalonnát fektetünk, és félbehajtva, a paprikaszeletekkel felváltva nyársra húzzuk úgy, hogy a végeikre hagyma kerüljön. Megsózzuk, a borsikával meg a kakukkfűvel meghintjük, olajjal megkenjük, végül gyakori forgatással, kis lánggal égő parázs fölött kb. 15 perc alatt megsütjük.

Elkészítési idő: 40 perc
Egy adag: 2483 kJ/594 kcal

Szalonnás virslifalatok
(nyárs)

8 virsli • 8 vékony szelet húsos szalonna •
2-2 piros és zöld húsú paprika

A virslit lebőrözzük, majd mindegyiket 3 részre vágjuk. A szalonnát akkorára vágjuk, hogy a virslifalatkákat beburkolhassuk vele. A kétféle

paprikát kicsumázzuk, 3 centis kockákra daraboljuk, és a szalonnás virslifalatkákkal felváltva nyársra húzzuk. Hamvadó parázs fölött, forgatva 10 percig sütjük.

Elkészítési idő: 30 perc
Egy adag: 2412 kJ/577 kcal

Szárnyasmáj szőlős mártásban
(bogrács)

HOZZÁVALÓK

40 dkg csirkemáj • 20-25 nagy fehér szőlőszem
(lehetőleg magtalan vagy kimagozott) • őrölt bors
(lehetőleg zöld-, rózsa-, fekete bors keveréke) •
1 dl fehér borecet • diónyi vaj • 1 kiskanál liszt •
só • 1 tojássárgája • 1 evőkanál tejszín

A megtisztított csirkemájakat (a nagyobbakat félbevágva) egy mély tálba rakjuk, a szőlőszemeket közéjük szórjuk, megborsozzuk és a borecettel leöntjük. Hűtőszekrényben letakarva legalább 2 órán át így hagyjuk érlelődni. Készítéskor a vajat egy kisebb bográcsban megolvasztjuk és a páclevétől jól lecsöpögtetett májakat (papírtörölközőn a nedvességet kissé le is itathatjuk róluk) hirtelen körös-körül megpirítjuk benne. Ezután szűrőlapáttal kiszedjük, a lisztet a visszamaradt vajban kevergetve kissé megfuttatjuk. A szőlős borecettel felengedjük, és a májakat újra belerakjuk. Megsózzuk, megborsozzuk és lefödve, kis láng fölött 4-5 percig pároljuk. Ekkor mind a májakat, mind a szőlőszemeket szűrőlapáttal kiszedjük, és a párolólevet a következő módon sűrítjük. A tojássárgáját a tejszínben simára dolgozzuk, majd habverővel szüntelenül kevergetve a fűszeres, ecetes párolólébe öntjük. Végül a májat és a szőlőt belekeverjük. Pirítóssal és burgonyapürével kínáljuk. Aki a különleges ízeket kedveli, a pürét durvára tört korianderrel meg is fűszerezheti.

Elkészítési idő: 35 perc + érlelés
Egy adag: 861 kJ/206 kcal

Székelykáposzta
(bogrács)

*70 dkg sertéscomb vagy -lapocka • 1 közepes fej
vöröshagyma • 3 evőkanál olaj • fél evőkanál
pirospaprika • só • fél-fél mokkáskanál őrölt bors
és majoránna • 2 gerezd fokhagyma • 1 cső húsos
zöldpaprika • 1 közepes szem paradicsom (télen 2
evőkanál lecsó) • 80 dkg savanyú káposzta • 2 dl tejföl •
1 púpozott evőkanál Graham-liszt vagy finomliszt*

A húst zsíros, inas részeitől megtisztítjuk, majd megmossuk, szárazra töröljük és 1x1 centis kockákra vágjuk. A megtisztított hagymát felaprítjuk és a hússal együtt bográcsban, az olajon fehéredésig sütjük. Pirospaprikával meghintjük, elkeverjük és egy kevés vizet ráöntünk. Megsózzuk, borssal, majoránnával, zúzott fokhagymával ízesítjük és a kicsumázott, nagyon apró kockákra vágott paprikát meg a paradicsomot (vagy lecsót) is hozzáadjuk. Kis láng fölött, lefödve kb. 35 perc alatt félpuhára pároljuk. Közben, ha zsírjára sül, mindig egy kevés vizet öntünk alá. A káposztát, ha túl savanyúnak találjuk, kissé kimossuk és a vizet kinyomkodjuk belőle. Utána a szálait, mert általában túl hosszúak, egykét vágással rövidebbre aprítjuk. A félkész pörköltbe keverjük és annyi vizet öntünk rá, amennyi éppen ellepi. Továbbra is kis láng fölött, lefödve még kb. 35 percig pároljuk. Közben elfövő levét vízzel pótoljuk. Akkor jó, ha a hús és a káposzta egyszerre puhul meg. A tejfölt a liszttel simára dolgozzuk. Először egy kevés forró káposztalével keverjük össze, majd a káposztára öntjük. Megkeverjük és még 2-3 percig forraljuk.

A káposztával együtt egy maréknyi átválogatott és megmosott rizst vagy árpagyöngyöt is főzhetünk bele.

*Elkészítési idő: 1 óra 35 perc
Egy adag: 2801 kJ/670 kcal*

Szőlős pulykatorta
(kemence)

*a tésztához: 25 dkg liszt • 1 tojássárgája •
12 dkg vaj (margarin) • só • 3 evőkanál hideg víz
a nyújtáshoz: egy kevés liszt
a forma kikenéséhez: vaj
a töltelékhez: 50 dkg nagyszemű fehér szőlő •
60 dkg pulykamellfilé • 1 kis fej vöröshagyma •
1 evőkanál olaj • 2 dkg vaj • só • őrölt bors •
0.5 dl fehérbor • 2 dl tejföl • 4 tojás*

A lisztet mély tálba töltjük, a közepét kissé kimélyítjük és a tojássárgáját ebbe a „fészekbe" csúsztatjuk. A puha vajat hozzáadjuk, csipetnyit megsózzuk, majd 3 evőkanál vízzel gyorsan – mielőtt a kéz melegét átvenné – összegyúrjuk. A tésztát hűtőszekrényben, letakarva 30 percig pihentetjük. A szőlőt leszemezzük, megmossuk, egy pillanatra leforrázzuk és a magjait is kikaparjuk. A tésztát enyhén belisztezett deszkán kinyújtjuk, majd egy kikent, kb. 23 centis átmérőjű, alacsony peremű tortaformát vagy tűzálló tálat kibélelünk vele. Villával sűrűn megszurkáljuk (az oldalát is), majd előmelegített kemencében, közepes lánggal kb. 15 perc alatt elősütjük. A pulykahúst egycentis kockákra, a megtisztított vöröshagymát finomra vágjuk. A hagymát az olaj meg a vaj keverékében megfuttatjuk, majd a húst hozzáadjuk és nagy lángon, 2-3 perc alatt megpirítjuk. Megsózzuk, megborsozzuk a fehérborral leöntjük és kis lángon 8-10 percig pároljuk, azután a jól lecsöpögtetett szőlőt belekeverjük. A tejfölt a tojásokkal simára dolgozzuk és a szőlős pulykahúst belekeverjük. Utánaízesítjük, majd egyenletesen az elősütött tortalapra halmozzuk. A kemencébe visszatoljuk, változatlan lánggal kb. 35 percig sütjük. Ezalatt a tejfölös tojás megkocsonyásodik és a torta szép aranysárga színt kap. Langyosan kínáljuk.

A vajat a tészta készítése előtt 30 perccel vegyük ki a hűtőszekrényből, hogy a szoba hőmérsékletét átvegye.

Pulyka helyett csirkehússal is készíthetjük.
A tésztához a liszt felét Graham-liszttel is helyettesíthetjük.
A tölteléket 8 dkg reszelt sajttal is gazdagíthatjuk.
Szőlő helyett beáztatott mazsolával is készülhet.

Elkészítési idő: 1 óra 40 perc
Egy adag: 2879 kJ/928 kcal

Tarhonyás halpörkölt
(bogrács)

HOZZÁVALÓK

1 kg amúr vagy egyéb olyan hal, amelyben kevés a szálka •
só • 10 dkg füstölt szalonna • 2 nagy vöröshagyma •
1 púpozott kiskanál pirospaprika • 2-2 zöldpaprika
és paradicsom • kb. 1,5 dl vörösbor • 25 dkg tarhonya

A megtisztított hal gerincénél levő nagy csontot eltávolítjuk, húsát darabokra vagdaljuk. Besózzuk, és 10 percig állni hagyjuk. Közben a csíkokra vágott füstölt szalonnát a bográcsban kiolvasztjuk, üvegesre sütjük rajta a karikákra vágott vöröshagymát, és meghintjük pirospaprikával. Beletesszük a haldarabokat, és rákarikázzuk a kicsumázott zöldpaprikát meg a lehéjazott paradicsomot. Felöntjük a borral és annyi vízzel, hogy teljesen ellepje. A forrástól számítva 5 percig főzzük, majd beleöntjük a tarhonyát is. Lefödve, kis láng fölött főzzük. Nem szabad keverni, csak a bográcsot rázogathatjuk. Ha a levét elfőné, kis borral vagy vízzel pótolhatjuk. Akkor jó, ha a tarhonyaszemek teljesen megduzzadtak, és csak nagyon kevés lé maradt alatta. Tálalás előtt villával óvatosan felkeverjük, hogy egyformán jusson mindenkinek a halból.

Elkészítési idő: 1 óra
Egy adag: 2863 kJ/685 kcal

Tárkonyos csirkenyárs
(nyárs vagy grillsütő)

HOZZÁVALÓK

50 dkg csirkemellfilé • 1 nagyobb, piros húsú paprika •
1 kisebb uborka • só • őrölt bors
a pácoláshoz: 1-2 ágacska friss tárkony • 1 gerezd
fokhagyma • 3 evőkanál olaj • 1 evőkanál citromlé •
1 evőkanál szójamártás

A húst 2 centis kockákra vágjuk. A páchoz a tárkonyleveleket a szárról lecsipkedjük és fölaprítjuk, a fokhagymát présen áttörjük. A többi páchozvalóval összekeverjük, a csirkemellet beleforgatjuk, és hűtőszekrényben egy éjszakán át pácoljuk. A paprikát – miután kicsumáztuk – a húshoz hasonló kockákra vágjuk, az uborkát pedig 3 milliméter vastagon fölszeleteljük. Mindezeket, nyársra húzzuk, enyhén megsózzuk, megborsozzuk. Faszénparázs fölött vagy grillsütőben kb. 15 percig sütjük.

Elkészítési idő: 35 perc + érlelés
Egy adag: 1054 kJ/252 kcal

Tárkonyos malacleves
(bogrács)

HOZZÁVALÓK

40 dkg malaccomb • 1 nagy fej vöröshagyma •
2-3 gerezd fokhagyma • 3-4 evőkanál olaj • só •
őrölt bors • 1-1 mokkáskanál őrölt tárkonylevél
és szurokfű • 2-3 babérlevél • 2 szál sárgarépa •
1 szál petrezselyemgyökér • 15 dkg fagyasztott zöldbab •
1 dl tejszín • 1 dl tejföl • 1 csapott evőkanál liszt •
cukor • citromlé • cseresznyepaprika

A malaccombot bőröstül egycentis kockákra vágjuk. A kétféle hagymát megtisztítjuk, finomra aprítjuk, és a hússal együtt a bográcsban, az olajon megpirítjuk. Egy kevés vizet aláöntünk, megsózzuk, megborsozzuk, megfűszrezzük, majd lefödve, kis lángon félig megpároljuk. Közben a sárgarépát meg a petrezselyemgyökeret megtisztítjuk, kis kockákra vágjuk, és a félpuha húshoz keverjük. 8 deci vizet ráöntünk, fölforraljuk, azután a zöldbabot is belekeverve teljesen puhára főzzük. A tejszínt meg a tejfölt a liszttel simára dolgozzuk, a levesbe öntjük, végül egy kevés cukorral meg citromlével pikánsra ízesítjük. Aki a csípős ízeket kedveli, az ételbe cseresznyepaprikát is morzsolhat.

Elkészítési idő: 1 óra 20 perc
Egy adag: 1743 kJ/417 kcal

Tejfölös csukaleves
(bogrács)

HOZZÁVALÓK

1 kb. 2 kg-os konyhakész csuka • só • 1-2 babérlevél •
1 kiskanál darált cseresznyepaprika • 4 evőkanál olaj •
3 evőkanál liszt • 2 dl tejföl • 2 evőkanál csemege ételecet

A csukát 2-3 centis darabokra vágjuk, besózzuk és állni hagyjuk. Közben a bográcsban 4 liter vizet fölforralunk, a babérlevéllel meg a cseresznyepaprikával fűszerezzük. A halat – sós levével együtt – hozzáadjuk. Úgy 20 percig főzzük. Közben az olajon a lisztet kissé megpirítjuk, ha kihűlt, a tejföllel meg az ecettel simára keverjük, a levest ezzel sűrítjük, ízesítjük.

Elkészítési idő: 50 perc
Egy adag: 2504 kJ/599 kcal

Tejfölös-kapros libaleves burgonygombóccal
(bogrács)

1 liba farhát • 2-2 libanyak és zúza • 1 vöröshagyma • 4 evőkanál olaj • só • őrölt bors • 3 sárgarépa • 2 petrezselyemgyökér • 2 dl tejföl • 1 evőkanál liszt • 1 csokor kapor
a burgonyagombóchoz: 30 dkg héjában főtt burgonya • 1 tojás • fél kiskanál só • fél mokkáskanál őrölt bors • néhány szál petrezselyem • kb. 3 evőkanál liszt

A húsokat – miután a bőrt lefejtettük róluk – a megtisztított zúzával együtt nagyobb darabokra vágjuk. A hagymát megtisztítjuk, fölaprítjuk és bográcsban, az olajon a hússal együtt megpirítjuk. Megsózzuk, megborsozzuk, majd kb. 1,5 liter vízzel fölöntjük. Jó 20 percnyi forralás után a megtisztított, kisujjnyi hasábokra vágott zöldségeket is hozzáadjuk, és kis lángon puhára főzzük. A tejfölt a liszttel simára keverjük, a levest ezzel sűrítjük, végül a fölaprított kaporral fűszerezzük és a burgonyagombócokat hozzáadva tálaljuk. Utóbbi úgy készül, hogy a főtt burgonyát melegen áttörjük, s ha kihült, a tojást hozzáadjuk, megsózzuk, megborsozzuk, fölaprított petrezselyemmel fűszerezzük, végül a lisztet is beledolgozzuk. A masszából vizes kézzel 20, diónyi gombócot formálunk és gyöngyözve forró vízben kifőzzük. Célszerű a burgonyagombócból egyet próbaképpen kifőzni, mert ha túl lágy lenne lisztet, ha kemény, egy kevés tejfölt adhatunk hozzá.

JÓ TANÁCS

Burgonyagombóc helyett macesz- vagy daragaluskával is tálalhatjuk, lehet készen kapható fagyasztott is.

Elkészítési idő: 1 óra 40 perc
Egy adag: 2822 kJ/675 kcal

Tejfölös mustáros pecsenye
(kemence)

*4 nagy szelet sertéstarja • só • 4 dl tejföl •
2 evőkanál mustár • 1 kiskanál olaj*

A hússzeleteket kiverjük, besózzuk, és fél órán át állni hagyjuk. A tejfölt a mustárral simára keverjük, a hússzeleteket egyenként belemártjuk, majd egy kiolajozott tűzálló tálra vagy zománcos tepsibe egymás mellé fektetjük. A maradék mustáros tejfölt a tetejére simítjuk, és forró kemencében fedő nélkül addig sütjük, amíg a hús az ízes tejfölt teljesen magába nem szívja és szép piros nem lesz. Párolt zöldség vagy burgonyapüré és saláta illik hozzá.

*Elkészítési idő: 90 perc
Egy adag: 2458 kJ/588 kcal*

Tepsis báránycomb
(kemence)

*1 kb. 1,5-2 kg-os báránycomb • 2-3 gerezd fokhagyma •
3 evőkanál olaj • só • frissen őrölt bors • 1,5 liter
átszűrt húsleves (leveskockából is készűlhet) •
1 kg sárgarépa • 1,4 kg burgonya • 50 dkg újhagyma
vagy póréhagyma • fél-fél csokor rozmaring, kakukkfű
és oregánó (a szárított is jó)*

A báránycomb zsíros bőrét beirdaljuk, de a húsba nem vágunk bele. A zúzott fokhagymát az olajjal pépesítjük, még jobb, ha turmixoljuk. Megsózzuk, megborsozzuk és alaposan a húsba dörzsöljük. Utána a combot egy tepsibe fektetjük, a leves egyharmadát aláöntjük, majd a kemencébe tolva nagy lánggal kb. 1 órát sütjük. Közben a húst néhányszor megforgatjuk, elpároló levét folyamatosan pótoljuk. Ezalatt a zöldséget megtisztítjuk és a répát hasábokra, a burgonyát cikkekre, a hagymát ujjnyi vastag karikákra vágjuk. Mindezt a báránycomb köré szórjuk, kissé megsózzuk, azután a fölaprított zöldfűszerekkel megszórjuk. A maradék levest ráöntjük, alufóliával letakarjuk, és a kemencébe visszatoljuk. A levével gyakorta locsolgatva további 1 órát sütjük. Végül a fóliát lebontjuk róla, és a húst 10-15 perc alatt pirosra sütjük, miközben hagyjuk, hogy a zöldségek leve is elpárologjon. Tálaláskor a báránycombot felszeleteljük és a velesült zöldségekkel körítve tálaljuk.

Elkészítési idő: 2 óra 25 perc
Egy adag: 2642 kJ/632 kcal

Tepsis burgonya
(kemence)

HOZZÁVALÓK

80 dkg sertéskaraj • 2-3 gerezd fokhagyma • só •
őrölt bors • 1 kg burgonya • 2-2 közepes paradicsom
és zöldpaprika • 15 dkg császárszalonna •
2 dl tejföl • 3 evőkanál olaj

A karajt 8 egyforma szeletre vágjuk, kissé kiverjük, a széleit bevagdossuk. Először a présen áttört fokhagymával, majd sóval és borssal dörzsöljük be. A burgonyát meghámozzuk és 0,5 centi vastag karikákra szeljük. A paprikát kicsumázzuk, a paradicsomok szárát kimetsszük, húsukat fölszeleteljük. A szalonnát ugyancsak kis szeletkékre vágjuk. Egy közepes tepsit kiolajozunk, az aljára kerül a burgonya. Rárakjuk a húst, majd a paprikát meg a paradicsomot felváltva a szalonnaszeletekkel; de ebből a burgonya közé is kerülhet egy kevés. Rétegezés közben kissé sózzuk. A tejfölt egyenletesen a tetejére kenjük. Alufóliát borítunk rá és kemencében, közepes lánggal kb. 1 óra alatt megsütjük, de az utolsó 10 percre a fóliát leemeljük róla, hogy szép színt kapjon.

Elkészítési idő: 1 óra 30 perc
Egy adag: 4063 kJ/972 kcal

Thai grillezett rákfarok
(nyárs)

HOZZÁVALÓK

16 nagyobb rákfarok (shrimp) • 4 evőkanál rizsecet •
1 kisebb citrom • 5 evőkanál olívaolaj •
1-1 kisebb zöld és piros chilipaprika • 1 mokkáskanál
pirospaprika • 1 mokkáskanál chilimártás

A rákot szobahőmérsékleten fölengedjük. A rizsecetet a citrom kifacsart levével meg az olívaolajjal összekeverjük. A kétféle chilipaprikát félbehasítjuk, a magjait kikaparjuk, húsát vékony csíkokra vágjuk és a pirospaprikával meg a chilimártással az előzőekhez adjuk. 30 percnyi pihentetés után a rákot is belerakjuk. 30 percig pácoljuk, majd nyársra húzzuk. Grillsütőben, közepes tűzzel 4-5 percig sütjük. Tálaláskor a maradék fűszeres páclével meglocsolva kínáljuk.

Elkészítési idő: 25 perc + pácolás
Egy adag: 1284 kJ/307 kcal

Tojásos-gombás csirkemájlepény
(kemence)

HOZZÁVALÓK (8 SZELETHEZ)

a tésztához: 25 dkg liszt (még jobb, ha a fele
Graham-liszt) • 12,5 dkg vaj vagy margarin •
csipetnyi só • 3-4 evőkanál hideg víz
a töltelékhez: 50 dkg csirkemáj (szív nélkül) •
4 evőkanál olaj • 15 dkg gomba • só, őrölt bors
a tésztanyújtáshoz: liszt
a tetejére: 5 tojás • 10 dkg natúr krémsajt • 1 dl tejföl • só
a forma kikenéséhez: vaj

A tésztához valókat gyors mozdulatokkal összegyúrjuk, majd letakarva hűtőszekrénybe tesszük, amíg a tölteléket elkészítjük; de a sütést megelőző este is összeállíthatjuk. A csirkemájat kétcentis darabokra vágjuk és az olajon fehéredésig sütjük. Ezalatt a gombát megtisztítjuk, cikkekre vágjuk, majd a májhoz adjuk. 4-5 percig pirítjuk, végül a tűzről levéve megsózzuk, megborsozzuk. A tésztát belisztezett deszkán kinyújtjuk. Egy 26 centi átmérőjű, alacsony peremű tortaformát kivajazunk. A tésztával kibéleljük, a gombás májat egyenletesen beleterítjük. A tojást a krémsajttal, a tejföllel meg csipetnyi sóval simára keverjük (még jobb, ha először a krémsajtot meg a tejfölt keverjük össze, majd apránként a felvert tojást is hozzáadjuk). A májra öntjük, végül előmelegített kemencében, a közepesnél erősebb lánggal 15 percig, majd a tüzet mérsékelve további 15 percig sütjük. Ehhez a meleg előételhez (vagy önálló vacsorához) egy pohár bor mindenképpen kívánkozik; sőt valamilyen kész mártást (barna-, paradicsom-, tejszínes gomba- stb.) is „elbír".

Elkészítési idő: 1 óra 20 perc
Egy szelet: 1864 kJ/446 kcal

Topfban sült kacsa
(kemence)

HOZZÁVALÓK
1 l fehérbor • 2 babérlevél • 1 kiskanál kakukkfű •
1-1 sárgarépa és vöröshagyma • 1 kisebb konyhakész
kacsa (2 kg) • késhegynyi őrölt bors •
1 mokkáskanál majoránna

Először a páclevet készítjük el, amihez a bort a fűszerekkel összekeverjük, a fölaprított sárgarépát és vöröshagymát beleszórjuk. A kacsát belerakjuk, letakarjuk és hűtőszekrényben 1 napon át érleljük. Sütéskor ebből a léből kiemeljük, kívül-belül megsózzuk, hasüregét borssal meg majoránnával is behintjük. Cirkotopfban levő rácsra fektetjük. Lefedjük és úgy 1 óra 20 perc alatt szép ropogós, rozsdabarnára sütjük.

Elkészítési idő: 1 óra 50 perc + érlelés
Egy adag: 2613 kJ/625 kcal

Tök parázsban
(parázs)

kb. 1 kg sütőtök

Ez az étel akkor igazán finom, ha édes tököt sikerül vásárolnunk hozzá. Ennek nagyszerű próbája – persze, csak, ha módunkban áll –, hogy körmünket a külsejébe nyomjuk. Ha nyomban elsötétedik, és a köröm kihúzása után is így marad, nem lesz jó, nem lesz édes. Csak akkor jó, ha visszafehéredik. Egyesek persze – igaz ezt már csak otthon – úgy nézik meg, hogy édes-e, hogy levágnak belőle egy szeletet és vízre teszik. Ha lemerül jó, ha nem, akkor balszerencsénk van. Mindenesetre a legegyszerűbb megoldás, megkóstolni. A készítése ennél már sokkal egyszerűbb. A tököt megtisztítjuk, magjait kikaparjuk, húsát cikkekre vágjuk és alufóliába csomagoljuk. Közepesen forró parázsba rakjuk, a parazsat rá is kaparjuk, és mintegy 20-25 perc alatt, miközben a tűznél melegszünk, megsütjük. Ha éppen nincs fólia, az sem baj, mert a parázs tiszta, így közvetlen ebbe is tehetjük a tököt, csak fogyasztás előtt gondosan le kell fújni, kapargatni róla.

Elkészítési idő: 1 óra
Egy adag: 418 kJ/100 kcal

Töltött báránybordák nyárson
(nyárs)

8 vastagabb szelet bárányborda • 15 dkg gomba •
15 dkg sonka • 1 kiskanál fokhagymás só •
fél mokkáskanál őrölt bors • fél csokor petrezselyem •
3 evőkanál olaj • 4 közepes, kemény paradicsom

A báránybordák húsos oldalát éles késsel bevágjuk. A kés hegyével a szeletek belsejét kissé kitágítjuk. A gombát megtisztítjuk, és a sonkával együtt apróra vágjuk. Fokhagymás sóval, borssal meg fölaprított petrezselyemmel fűszerezzük, majd a bordák „zsebébe" töltjük. A nyílást összetűzzük, nehogy a massza kifolyjon. Fokhagymás sóval meg borssal kivülről is meghintjük, olajjal meglocsoljuk, és kettesével megolajozott nyársra húzzuk a csontokkal párhuzamosan úgy, hogy a szeletek közé 1-1 paradicsom is kerüljön. Kis lánggal égő parázs fölött, gyakori forgatás mellett kb. 25 percig sütjük.

Elkészítési idő: 50 perc
Egy adag: 2529 kJ/605 kcal

Töltött borjúbordák
(rostély)

HOZZÁVALÓK
4 szelet, egyenként kb. 15 dekás borjúborda • só • 15 dkg főtt füstölt hús • 5 dkg császárszalonna • 6 dkg konzerv gomba • 1 csapott evőkanál flekken fűszerkeverék • 4 evőkanál olaj

A bordák húsos oldala felől a szeletekbe szúrunk, és a kést jobbra-balra forgatva a bevágást kimélyítjük. A tarját, a szalonnát meg a lecsöpögtetett gombát finomra vágjuk, a fűszerkeverék felét beleszórjuk. A húsok üregébe töltjük, fogvájóval rögzítjük, olajjal megkenjük. Rostélyra rakjuk, és közepesen izzó parázs fölött oldalanként kb. 5-5 percig sütjük.

Elkészítési idő: 45 perc
Egy adag: 2300 kJ/550 kcal

133

Töltött dagadó
(kemence)

HOZZÁVALÓK

70 dkg sertésdagadó • só • 20 dkg gomba • diónyi vaj • 3 zsemle • tej • 2 tojás • késhegynyi őrölt bors • 1 csokor petrezselyem • 2-3 evőkanál olaj

A sertésdagadót felszúrjuk, kívül-belül megsózzuk és állni hagyjuk. A megtisztított, megmosott gombát felszeleteljük, és enyhén megsózva a vajon megpároljuk. A zsemléket hideg vízbe – még jobb, ha tejbe – áztatjuk, majd kicsavarjuk. A párolt gombával meg a tojásokkal összekeverjük, megsózzuk, megborsozzuk és apróra vágott petrezselyemmel fűszerezzük. A dagadóba töltjük, a nyílást hústűvel vagy hurkapálcával összetűzzük. Utána a húst olajjal megkenegetve tepsibe fektetjük, és középmeleg kemencében pirosra sütjük. Tálalás előtt rövid ideig pihentetjük, csak azután szeleteljük fel. A töltelékét előzetesen félig megpárolt sárgarépával meg zöldborsóval is gazdagíthatjuk.

Elkészítési idő: 2 óra
Egy adag: 3300 kJ/788 kcal

Töltött kiflik
(kemence)

HOZZÁVALÓK (12 DARABHOZ)

a tésztához: kb. 30 dkg finomliszt, de jobb a kenyérliszt (malomipari szaküzletekben kapható) • 1 kiskanál só • 15 dkg vaj vagy margarin • 2,5 dkg élesztő • 2-3 evőkanál langyos víz • 3 tojás
a töltelékhez: 1 közepes fej vöröshagyma • 2 kiskanál olaj • 30 dkg finomra darált sovány sertéshús vagy maradék füstölt sonka • 1-1 késhegynyi ételízesítő por és őrölt bors • 1 mokkáskanál mustár •

10 dkg kimagozott olajbogyó • 1 kiskanál liszt •
2 tojás • 1 dl tejföl
a tetejére: 1 tojás

A lisztet egy tálba szitáljuk, megsózzuk és a vajjal elmorzsoljuk. Az élesztőt a langyos vízben elkeverjük, a lisztbe öntjük, majd a tojásokat is hozzáadjuk. Addig dagasztjuk, amíg közepesen kemény, az edény falától elváló tésztát kapunk. Letakarva, meleg helyen 30 percig pihentetjük. Ezalatt a hagymát megtisztítjuk, fölaprítjuk és az olajban üvegesre sütjük. A darált húst hozzáadjuk, kevergetve megpirítjuk, ételízesítő porral, őrölt borssal meg mustárral ízesítjük. (Ha füstölt sonkával készítjük, ételízesítő por nem kell bele.) Ezután a lecsöpögtetett olajbogyót apróra vágjuk, és ezt is belekeverjük. (Aki nem szereti, el is hagyhatja.) A lisztet a töltelékbe keverjük és 1 deci vizet öntünk rá. 2-3 perc alatt zsírjára sütjük, majd a tojásokkal elhabart tejfölt ráöntjük és kocsonyásodásig sütjük. Utána a tűzről lehúzzuk és hagyjuk kihűlni. Közben a tésztát két részre osztjuk és egyenként kb. 3 milliméter vastagságú, kerek lappá nyújtjuk, majd derelyevágóval hat-hat egyforma háromszögre szabjuk. A tojásos-húsos tölteléket egy csíkban, a tésztalapok szélesebb végére halmozzuk. Utána egyenként fölcsavarjuk, kifli alakúra hajlítjuk, és sütőpapírral bélelt tepsire rakjuk. A kiflik tetejét a fölvert tojással megkenjük. Ezután 20-25 percig pihentetjük, majd újra megkenjük, végül előmelegített kemencébe toljuk és nagy lánggal 10-12 percig sütjük.

JÓ TANÁCSOK

A tésztához való liszt felét, a gabonakorpát és csíráját is tartalmazó Graham-liszttel helyettesíthetjük. A kiflibe darált hús helyett, az alábbi édes és sós töltelékek kerülhetnek:
Gombás töltelék: 40 dkg apró kockára vágott gombát 4 dkg vajon megpirítunk, megsózzuk, megborsozzuk, apróra vágott petrezselyemmel fűszerezzük, végül 1 tojást ütünk bele.
Káposztás töltelék: fél fej káposztából a hagyományos módon párolt káposztát készítünk, majd hagyjuk kihűlni.
Túrós töltelék sósan: 40 dkg tehén- vagy juhtúrót áttörünk, 1 evőkanál búzadarával meg 1 tojással összekeverjük, és fél-

fél csokor felaprított metélőhagymával meg kaporral fűszerezzük.

Túrós töltelék édesen: 40 dkg tehéntúrót áttörünk, 1 tojással meg 1 evőkanál búzadarával összekeverjük 3 evőkanál cukorral, 1 csomag vaníliás cukorral, 1 citrom reszelt héjával meg 5 dkg mazsolával ízesítjük.

Gesztenyés töltelék: 40 dkg gesztenyepürét 1 evőkanál rummal meg 5 dkg porcukorral összekeverünk.

Diós vagy mákos töltelék: 30 dkg darált diót vagy mákot 1 deci tejjel leforrázzuk, és 10 dkg cukorral, 2-3 evőkanál mazsolával, meg 1 narancs reszelt héjával ízesítjük.

Elkészítési idő: 1 óra 35 perc
Egy kifli: 1505 kJ/360 kcal

Töltött zsúrkenyér
(rostély)

HOZZÁVALÓK

1 zsúrkenyér • 25 dkg főtt füstölt hús • 4 kemény tojás •
2-4 ecetes uborka • néhány szem paradicsom •
egy kevés tej • 2 dl tejföl • só

A zsúrkenyeret vízszintesen félbevágjuk, a belsejét kiszedjük, összemorzsoljuk és egy kevés tejjel megnedvesítjük. A tejföllel, az apróra vágott vagy darált, főtt füstölt hússal, a kockákra vágott kemény tojással meg ecetes uborkával összedolgozzuk, a kivájt kenyérbe visszatöltjük, eredeti formájára összeillesztjük, és alufóliába csomagolva, a rostélyon megsütjük. A fóliából kibontva, felszeletelve tálaljuk.

Elkészítési idő: 40 perc
Egy adag: 2471 kJ/591 kcal

136

Töpörtyűs pogácsa
(kemence)

HOZZÁVALÓK (20 DARABHOZ)

*2 dkg élesztő • 1 dl tej • 20 dkg töpörtyű • 50 dkg liszt •
2 dl tejföl • 10 dkg zsír • 2 tojássárgája • 1 dl fehérbor •
1 kiskanál só • 1 csapott mokkáskanál őrölt bors
a nyújtáshoz: liszt
a lekenéshez: 1 tojás*

Az élesztőt a langyos tejben fölfuttatjuk. A töpörtyűt nagy lyukú tárcsán ledaráljuk. A lisztet átszitáljuk, a közepét kimélyítjük és az élesztővel, a töpörtyűvel meg a többi hozzávalóval tésztává gyúrjuk. Letakarva hűtőszekrényben 15-20 percig pihentetjük, majd lisztezett deszkán kinyújtjuk és szimplán behajtjuk, azután újabb 20 percig pihentetjük. A tésztát még 2-3 alkalommal ugyanígy hajtogatjuk. Végül kétujjnyi vastagságúra nyújtjuk, a tetejét bevagdossuk, közepes méretű pogácsaszaggatóval kiszúrjuk és tepsire rakosgatjuk. Tojással megkenjük, végül előmelegített kemencében, közepes lánggal kb. 25 percig sütjük.

*Elkészítési idő: 1 óra + többszöri pihentetés
Egy pogácsa: 862 kJ/206 kcal*

Tűzdelt bélszín gombamártással
(kemence és bogrács)

HOZZÁVALÓK

*70 dkg bélszín (vesepecsenye) • 2 evőkanál mustár •
1 kiskanál őrölt bors • 10 dkg füstölt szalonna • só
a mártáshoz: fél fej vöröshagyma • 20 dkg gomba •
4 dkg vaj • só, őrölt bors • 1 púpozott evőkanál liszt •
1-2 dl tejszín • 1 csokor petrezselyem
a sütéshez és a pácoláshoz: kb. 5 evőkanál olaj*

A húsról a hártyát lefejtjük. A bélszínt a mustárral meg a borssal bedörzsöljük és olajjal megkent alufóliába csomagolva hűtőszekrényben 3-4 napig érleljük. A szalonnát vékony csíkokra metéljük, azután a vesepecsenyét rostjaival párhuzamosan ezzel megtűzdeljük. Sütés előtt a fóliából kibontjuk, megsózzuk és egy serpenyőben az olajon, nagy lángon körös-körül fehéredésig sütjük. Utána előmelegített kemencében, a közepesnél erősebb lánggal 25 percig sütjük; félidőben megfordítjuk. Akkor jó, ha tapintásra se nem puha, se nem kemény, hanem rugalmas. Amíg a pecsenye készül, a mártást megfőzzük. Ehhez a hagymát meg a gombát megtisztítjuk; az előbbit finomra, az utóbbit szeletekre vágjuk. A hagymát a vajon üvegesre sütjük, a gombát hozzáadjuk és kevergetve, közepes lángon megpirítjuk. Utána megsózzuk, megborsozzuk. A liszttel megszórjuk, majd a tejszínnel meg 2 deci vízzel fölöntjük. Kevergetve 2-3 percig főzzük, ezalatt kissé besűrűsödik, végül fölaprított petrezselyemmel fűszerezzük. Tálaláskor a bélszínt fölszeleteljük és a gombamártással leöntjük. Különféle párolt zöldséggel meg sült burgonyával kínáljuk.

Elkészítési idő: 50 perc + a bélszín érlelése
Egy adag: 3056 kJ/731 kcal

Tűzdelt nyúlpecsenye roston
(nyárs)

HOZZÁVALÓK

20 dkg füstölt szalonna • egy kb. 2,5 kg-os konyhakész házinyúl • só • 1 csapott evőkanál őrölt borsikafű • 1 nagyobb vöröshagyma • 1 dl fehér bor • 5 evőkanál olaj

A szalonnát vékony csíkokra vágjuk, és a nyúl gerincét meg combjait sűrűn megtűzdeljük vele. A nyulat sóval, borsikával meg a félbevágott vöröshagymával bedörzsöljük. Utána nyársra húzzuk, a borral összekevert olajjal megkenjük. Nem túl erős parázs fölött forgatva jó 1 óra alatt megsütjük. Közben folyamatosan forgatjuk, és a boros-olajjal szorgalmasan kenegetjük. A parázsra különösen figyelni kell.

Elkészítési idő: 1 óra 30 perc
Egy adag: 3081 kJ/737 kcal

A kukoricát meg a cukkinit két-három centi vastag karikákra vágjuk. (Ha a kukorica nem elég zsenge, akkor vízben félpuhára főzzük.) A paradicsompaprikát elfelezzük, kicsumázzuk, a vöröshagymát megtisztítjuk. A zöldségféléket váltogatva nyársra vagy hurkapálcára fűzzük, és szójával meglocsolva legalább egy óráig állni hagyjuk. Ezután grillsütőben vagy parázs fölött a szabadban, esetleg a hagyományos sütőben – a nyársakat egy tepsi peremén keresztbe fektetve – megsütjük. Sütés közben többször megforgatjuk, nehogy a zöldség megégjen. Kínálás előtt egy kevés szójamártással még egyszer meglocsoljuk, így zamatosabb lesz. Párolt rizst adunk hozzá.

Elkészítési idő: 25 perc (állásidő nélkül)
Egy adag: 2350 kJ/560 kcal

Vörösborban pácolt kacsamell
(grillsütő vagy rostély)

HOZZÁVALÓK

    60 dkg kicsontozott nem túl zsíros kacsamell •
    3 dl száraz vörösbor • 0,5 dl vörösborecet •
    1 dl olivaolaj • 1 kisebb vöröshagyma • 1 sárgarépa •
    1 babérlevél • 1 mokkáskanál durvára vágott
    fekete bors • só

A kacsamellet 4 egyforma darabra vágjuk. A bort a borecettel és az olivaolajjal összekeverjük. A vöröshagymát meg a sárgarépát megtisztítjuk, fölszeleteljük, és a babérlevéllel meg a borssal együtt a borba szórjuk. A húst belerakjuk, egy éjszakán át így pácoljuk. Másnap bőrös oldalával lefelé grillsütőbe vagy rostélyra rakjuk, kissé megsózzuk. Közepes tüzzel 2 percig sütjük, majd megfordítjuk, 10 percig így sütjük. Végül újra megfordítjuk és 5-7 percig sütjük.

Elkészítési idő: 35 perc
Egy adag: 2007 kJ/480 kcal

csíkokkal megtűzdeljük. A hagymát meg a zöldséget megtisztítjuk, majd vékonyan fölszeleteljük. A húst sóval bedörzsöljük és bográcsban, a margarinban körös-körül megpirítjuk, majd félretesszük. A visszamaradó zsírjában a cukrot kevergetve karamellizáljuk, majd a hagymát és a zöldséget is hozzáadjuk. Kevergetve megforgatjuk, az elősütött húst ráfektetjük, és annyi vizet öntünk rá, hogy a pecsenyét félig ellepje. Fölforraljuk, az egész borssal meg a babérlevéllel fűszerezzük, azután lefödjük és kis láng fölött megpároljuk. Ha a hús megpuhult, kivesszük, és rostjára merőlegesen fölszeleteljük. Zöldséges levét a tejföllel simára kevert liszttel besűrítjük. Fehérborral ízesítjük, és áttörjük. Ha kell, utánsózzuk, megcukrozzuk, megborsozzuk, és ecettel, mustárral meg citromlével pikánssá ízesítjük. A fölszeletelt húsra öntjük, burgonyakrokett illik hozzá.

Elkészítési idő: 3 óra
Egy adag: 3541 kJ/847 kcal

Vadnyúl krémmártással
(kemence és bogrács)

HOZZÁVALÓK

> 1 petrezselyemgyökér • 1 nagyobb sárgarépa •
> egy-egy kis darab zeller és karalábé • 1 kisebb alma •
> fél-fél citrom és narancs • 2-3 szem borókabogyó •
> 1 babérlevél • 4 nyúlcomb • kb. 1,5-1,5 dl fehérbor
> és víz (+egy kevés a főzés végére is) •
> ételízesítő por • só • 8 dkg füstölt szalonna •
> 1 evőkanál cukor • 1 evőkanál liszt

A gyökeret, a répát, a zellert meg a karalábét megtisztítjuk. Az almát félbevágjuk, magházát kimetsszük, a citromot meg a narancsot jól megmossuk. Mindezt összekeverjük a borókával meg a babérlevéllel és egy kisebb tepsibe terítjük. A nyúlcombokat ráfektetjük, majd a bor meg a víz keverékét ráöntjük; akkor jó, ha a zöldségágyat elfedi. Ételízesítővel fűszerezzük, enyhén megsózzuk, majd fóliával lefedjük. Kemencében, közepes lánggal kb. 1 óra 10 perc alatt puhára pároljuk. Utána a fóliát leemeljük róla, és a hőfokot emelve visszatoljuk a kemencébe. Pirosra sütjük. Kissé hűlni hagyjuk, majd a húst félretesszük, zöldséges-fűszeres levét pedig pépesre turmixoljuk. A szalonnát apró kockákra vágjuk és bográcsban, nagy tűz fölött kisütjük. A pörcöt szűrőkanállal kiszedjük, félretesszük. A visszamaradó zsiradékban a cukrot karamellizáljuk, a lisztet rászórjuk. Tovább pirítjuk, a zöldségpürét hozzáadjuk, majd annyi fehérborral meg vízzel öntjük föl (fele-fele arányban), hogy mártás sűrűségű legyen. Amikor kész, a nyulat hozzáadjuk, és a mártásban megforrósítjuk. Burgonyafánkot kínálunk hozzá.

Elkészítési idő: kb. 2 óra 30 perc
Egy adag: 2111 kJ/505 kcal

Vadnyúlpaprikás
(bogrács)

HOZZÁVALÓK

1 fiatal, konyhakész (1,5 kg-os) vadnyúl • 3 közepes vöröshagyma • 0,5 dl olaj • 1 evőkanál pirospaprika • só • 2 húsos zöldpaprika • 1 csípős paprika • 2 paradicsom • 2-3 gerezd fokhagyma • 2 dl tejföl • 1 evőkanál liszt

A nyulat amennyire csak tudjuk, kicsontozzuk. Húsát (a benne maradó csontokkal együtt) kb. 3x3 centis darabokra vágjuk, megmossuk, és a nedvességet papírtörölközővel leitatjuk róla. A megtisztított vöröshagymát felaprítjuk, és egy bográcsban az olajon üvegesre pároljuk. A nyúldarabokat belerakjuk, megsózzuk, és körös-körül megpirítjuk. A tűzről lehúzzuk, és a pirospaprikát belekeverve 2-3 evőkanál vízzel fölengedjük. A tűzre visszatéve fedő alatt néhány percig a saját levében pároljuk, majd 2 deci vizet ráöntünk. A kétféle kicsumázott zöldpaprikát meg a paradicsomot felszeleteljük, a fokhagymát apróra vágjuk és a húshoz adjuk. Közepes lángon kb. 1,5 óráig pároljuk. Végül a megpuhult húst szűrőlapáttal kiemeljük. A levét a tejföllel simára kevert liszttel sűrítjük, átszűrjük, és a húst ismét belerakjuk. Megforrósítva galuskával, uborkasalátával kínáljuk.

Elkészítési idő: 2 óra 30 perc
Egy adag: 2463 kJ/589 kcal

Vegetárius töltött cukkini
(kemence)

HOZZÁVALÓK
    4 cukkini (kb. 75 dkg) • *10 dkg gouda sajt* • *1 csomag*
(30 dkg fagyasztott zöldborsó, még jobb, ha friss) •
1 evőkanál olaj • *só* • *őrölt bors* • *2 dkg vaj* •
2 csapott evőkanál szezámmag

A cukkinit megmossuk, mindkét végét, majd hosszában félbehasítjuk és magházát kikaparjuk. Az így kapott cukkiniteknőket enyhén sós vízben 5 percig főzzük, hideg vízben leöblítjük, félretesszük. A sajtot lereszeljük. A zöldborsót enyhén sós vízben megfőzzük, lecsöpögtetjük, majd merülőmixerrel pürésítjük. Egy tűzálló tálat kiolajozunk, a cukkiniket belerakjuk és a borsópürével megtöltjük. Megsózzuk, megborsozzuk, a sajttal meg a szezámmaggal megszórjuk. Közepesen forró kemencében 20 percig sütjük.

Elkészítési idő: 55 perc
Egy adag: 1520 kJ/362 kcal

Vegetárius nyárs
(nyárs)

HOZZÁVALÓK
    2 cső zsenge kukorica • *2 karcsú cukkini* • *8 közepes*
nagyságú kemény paradicsom • *4 paradicsompaprika* •
8 kis fej vöröshagyma • *2 evőkanál szójamártás*

Ürügulyás
(bogrács)

60 dkg ürücomb vagy -lapocka • 1 húsleveskocka •
2 gerezd fokhagyma • 15 szem fekete bors •
1 cikk kelkáposzta • 3 szál sárgarépa • 2 szál
petrezselyemgyökér • 1-1 darabka zeller és karalábé •
arasznyi póréhagyma vagy 3-4 dundi újhagyma •
4 közepes burgonya • 1 csokor petrezselyem

Az ürühúst megmossuk, egycentis kockákra vágjuk, majd leforrázzuk és hideg vízzel leöblítjük. Bográcsba tesszük, és 1,2 liter vízzel fölöntjük. Belemorzsoljuk a leveskockát, a fokhagymával meg a borssal fűszerezzük. Fölforraljuk, majd kis rést hagyva lefödjük, és kis lángon majdnem teljesen puhára főzzük. Közben az összes zöldséget megtisztítjuk, a kelkáposztát laskásra, a többit vékony csíkokra metéljük, a burgonyát kockákra vágjuk. Mindezt a húshoz adjuk, és együtt puhára főzzük. Ha kell, utánasózzuk, végül petrezselyemmel gazdagon meghintjük.

Elkészítési idő: 1 óra 30 perc
Egy adag: 1451 kJ/347 kcal

Vadas szarvascomb
(bogrács)

70 dkg kicsontozott szarvascomb • 10 dkg füstölt
szalonna • 1 közepes fej vöröshagyma • 20 dkg vegyes
zöldség • só • 8 dkg főzőmargarin • 2 kiskanál cukor •
5 szem egész bors • 1 babérlevél • 2 dl tejföl •
6 dkg liszt • késhegynyi őrölt bors • csemege ételecet •
1 evőkanál mustár • 1 citrom

A húst megmossuk, majd a nedvességet leitatjuk róla. A szalonnát vékony csíkokra vágjuk. A combot a rostjaival párhuzamosan a szalonna-

Vörösboros körömpörkölt
(bogrács)

HOZZÁVALÓK

*8 sertésköröm • 3 vöröshagyma • 10 dkg zsír • só •
1 evőkanál paradicsompüré • 1 evőkanál édes
paprikakrém • 1 mokkáskanál erős paprikakrém •
2 gerezd fokhagyma • fél mokkáskanál őrölt köménymag •
1 púpozott evőkanál pirospaprika • 1 dl vörösbor •
2-2 paprika és paradicsom*

A megtisztított körmöket hosszában is, kersztben is elfelezve négyfelé vágjuk. A hagymát megtisztítjuk, fölaprítjuk, és a körömmel együtt kizsírozott bográcsba rétegezzük. Többszöri keverés és rázogatás közben úgy 15 perc alatt zsírjára pirítjuk. Annyi vizet öntünk rá, amennyi ellepi, megsózzuk, a paradicsompürével, a kétféle paprikakrémmel meg a zúzott fokhagymával ízesítjük, a köménnyel fűszerezzük. Jó 1 órán át főzzük, majd amikor a köröm már majdnem puha, a pirospaprikával meghintjük, és a nagyobb kockákra vágott paprikát meg paradicsomot is hozzáadjuk. Úgy 20 perc alatt készre főzzük. Puha kenyér mindenképpen jó hozzá, amivel jóféle pikáns leve felitatható.

Elkészítési idő: 2 óra
Egy adag: 4306 kJ/1030 kcal

144

Vörösboros őzpörkölt
(bogrács)

HOZZÁVALÓK

*2,5 dl (+egy kevés a főzés végére) vörösbor • 7,5 dl víz •
2-3 szem boróka • só, esetleg ételízesítő por •
1 petrezselyemgyökér • 1 nagyobb sárgarépa •
egy-egy kis darab zeller és karalábé • 80 dkg őzcomb •
6-8 dkg füstölt szalonna • 2-3 evőkanál olaj •
1 nagyobb hagyma • csipetnyi őrölt bors • 1 csapott
evőkanál pirospaprika • 1-1 paprika és paradicsom*

A bort a vízzel, a borókával meg a sóval összekeverjük. A megtisztított, fölszeletelt zöldséget hozzáadjuk, fölforraljuk, majd a húst is beletesszük. Amint újra forr, félretesszük és hagyjuk kihűlni. Utána leszűrjük, de a levét megőrizzük. A húst 2x2 centis kockákra vágjuk, a pácoláshoz használt zöldséget fűszerestül ledaráljuk vagy turmixoljuk. A szalonnát apró kockákra vágjuk, és bográcsba téve, nagy láng fölött az olajban üvegesre sütjük, majd a megtisztított, finomra aprított hagymával tovább pirítjuk. A zöldségpürével átforrósítjuk, és megsózzuk, őrölt borssal, pirospaprikával fűszerezzük. A paprikát kicsumázzuk, a paradicsom szárát kimetsszük, mindkettő húsát apróra vágjuk és a pácléból ráöntünk egy keveset. Néhány percnyi forralás után hozzáadjuk a húst, s páclével öntözgetve puhára pároljuk. Végül egy kevés vörösborral ízesítjük.

*Elkészítési idő: kb. 2 óra
Egy adag: 2634 kJ/630 kcal*

Zöldborsós-gombás malacpörkölt
(bogrács)

HOZZÁVALÓK

*10 dkg füstölt szalonna • 2 közepes hagyma (kb. 20 dkg) •
40-50 dkg kicsontozott malachús • só, őrölt bors •
egy csipetnyi rozmaring • pirospaprika • 1 kisebb*

paradicsom • fél csokor petrezselyem • 15 dkg gomba •
10 dkg zöldborsó (fagyasztott is jó)

A szalonnát kis kockákra vágjuk és a bográcsban kiolvasztjuk. A hagymát megtisztítjuk, finomra aprítjuk, majd a szalonnán üvegesre sütjük. A malachúst kockákra vágjuk, az előzőekhez adjuk és fehéredésig sütjük; csak erre az időre a bográcsa alatt mérsékeljük a tüzet, vagyis kiveszünk alóla fát. Utána az ételt megsózzuk, megborsozzuk, fölaprított rozmaringgal meg pirospaprikával fűszerezzük. A paprikát kicsumázzuk, majd a paradicsom szárát kimetsszük, mindkettő húsát apróra vágjuk, akárcsak a petrezselymet, és a húshoz adjuk. Amikor a hús félig megpuhult, a megtisztított, kockákra vágott gombát belekeverjük. Amikor már minden majdnem teljesen puha, a borsót is hozzáedjuk.

Elkészítési idő: 1 óra 30 perc
Egy adag: 2078 kJ/497 kcal

Zöldségfondue
(fondü készlet)

HOZZÁVALÓK (6-8 SZEMÉLYRE)

1 csomó sárgarépa • 2 zsenge cukkini • 1 kis fej karfiol •
1 csomó újhagyma • 3-4 szép, húsos mangoldlevél •
5-6 zsenge halványzellerszár • 1 csomó retek •
40 dkg apró szemű paradicsom
a mártáshoz: 4 gerezd fokhagyma • 1 kis doboz
ajóka- (vagy szardínia-) konzerv • 3 dkg vaj •
3 evőkanál olaj • 1 evőkanál liszt • 2 dl tejszín •
késhegynyi só és őrölt bors • 10 dkg reszelt sajt

A zöldségeket megtisztítjuk, jól megmossuk és a nedvességet leitatjuk róluk. A répát és a cukkinit kisujjnyi hasábokra vágjuk. A karfiolt kitorzsázzuk, rózsáira szedjük. Az újhagymát ugyancsak kisujjnyi hosszúságúra daraboljuk. A mangoldlevélből és a zellerből a húsos nyelet kimetsszük. Külső hártyáját lehántjuk, majd a szárat az előzőekhez hasonlóan felvágjuk. A retket zöldjétől megszabadítjuk és a szemeket késsel többször bemetsszük. Jeges vízbe rakva, tálalásig a hűtőben tartjuk. A nagyobb paradicsomokat félbevágjuk. A mártáshoz a megtisztított fokhagymát az ajókával (szardíniával) együtt összetörjük. A vaj meg az olaj keverékében megfuttatjuk, majd a liszttel megszórjuk. Négy deci vízzel és a tejszínnel felengedjük. Megsózzuk, megborsozzuk, végül a forrástól számítva 3-5 percig főzzük, hogy híg mártás sűrűségű legyen. A tűzről lehúzzuk és a reszelt sajtot is belekeverjük. Fondue-serpenyőben vagy kis lábasban spirituszégőre állítva adjuk az asztalra. A zöldségeket külön-külön kis tálkákban, csak az utolsó pillanatban rakjuk köré, addig a hűtőszekrényben tartjuk. A zöldségekből mindenki kedve szerint felszúr egy-egy darabot a hosszú nyelű villákra, majd a mártásba merítve hagyja átforrósodni. Kistányér fölött emeljük ki, amit egy-egy kenyérszelettel is helyettesíthetünk.

JÓ TANÁCSOK

Ez a zöldségfondue nyáridőben a szabadban a hagyományos nyárson sütést helyettesítheti.

A zellerszár nyersen csak akkor finom, amikor zsenge, ezért akár el is hagyhatjuk. Az egyre inkább meghonosodó halványzellerrel pótolható, ennek íze „üdébb".

Akinek a zöldség mellé hiányzik a kenyér, kockákra vágva ezt is az asztalra készítheti, s mártogathat vele.

Elkészítési idő: 40 perc
Egy adag: 1465 kJ/350 kcal

Zöldséggel töltött marhavagdalt
(rostély)

HOZZÁVALÓK

60 dkg darált marhahús • 1 csapott kiskanál grill fűszerkeverék • 1 tojásfehérje • 1 nagyobb vöröshagyma • 1 sárgarépa • 4 evőkanál főtt zöldborsó • 1 kiskanál mustár • 8 vékony szelet császárszalonna (sliced bacon)

A húst a fűszerkeverékkel összedolgozzuk, ha kell megsózzuk, a tojásfehérjét beledolgozzuk. Hűtőszekrényben rövid ideig dermesztjük. Közben a hagymát meg a sárgarépát megtisztítjuk, mindkettőt durvára reszeljük, a borsóval összekeverjük. A húsos masszát 8 részre osztjuk, és alufólián, vízbe mártott kanállal egyenként 15x10 centis lapokká simítjuk. Mustárral mindegyiket megkenjük, majd a zöldségkeveréket elosztjuk rajtuk. A fólia segítségével óvatosan feltekerjük, végül szalonnaszeletekbe burkoljuk. Közepesen erős parázs felett rostélyon megsütjük.

Elkészítési idő: 35 perc + a hús dermesztése
Egy adag: 2187 kJ/523 kcal

Zsámbéki bojtárleves
(bogrács)

HOZZÁVALÓK

60 dkg bárányhús • 1 vöröshagyma • 3 evőkanál olaj •
1-1 mokkáskanál pirospaprika és őrölt bors, só •
2 sárgarépa • 1 petrezselyemgyökér • 30 dkg újburgonya •
30 dkg kifejtett zöldborsó • 1 csokor kapor

A bárányhúst kockákra vágjuk. A hagymát megtisztítjuk, finomra aprítjuk és bográcson, az olajon a hússal együtt megpirítjuk. A pirospaprikával és bográcsban, a borssal meghintjük, majd kb. 1,5 liter vízzel fölöntjük. Megsózzuk, lefödve szinte teljesen puhára főzzük. Közben az összes zöldséget megtisztítjuk, a répát és a petrezselyemgyökeret ujjnyi hasábokra vágjuk; a burgonyát kockákra daraboljuk. A húshoz először a zöldséget, majd a borsót meg a burgonyát adjuk hozzá, így főzzük készre. Végül a finomra vágott kaporral fűszerezzük. Az eredeti recept szerint csipetke való bele.

Elkészítési idő: 2 óra
Egy adag: 2546 kJ/609 kcal

RECEPTKERESŐ

SAJÁT RECEPTJEIM

SAJÁT RECEPTJEIM

SAJÁT RECEPTJEIM

SAJÁT RECEPTJEIM

SAJÁT RECEPTJEIM

_____

_____

_____

_____

_____

_____

_____

_____

_____

_____

_____

_____

_____

_____

_____